はじめに

人生は、必ずうまくいくようになっています。

誰もが成功して、幸せになれる設定をして生まれてきています。

もし、今あなたがそういった状態でないとしたら、あるいは、現在の自分に満足はしているけれど、もっと人生を充実させていきたいと思っているとしたら、この本がお役に立てるかもしれません。

はじめまして、霊能者＆心理カウンセラーの大澤美樹です。

今まで1万人以上の方の相談に乗り、現在は、会社経営者や各界の方々のカウンセリングを中心に活動しています。私自身も経営者であり、合同会社と一般社団法人の代表を務めながら、セミナーやイベントなども開催しています。

クライアントには企業の経営者や著名人も多く、いつの間にか「成功者専属カウンセラー」とも呼ばれるようになりました。また私の性格上、時には辛口の指摘をしてでも、本質的な問題解決をしていくため、「悩む人が最後にたどり着くカウンセラー」「占いジプシーの駆け込み寺」と呼ばれることもあります。

多くの方のセッションやカウンセリングをしてきて、つくづく感じることがあります。

人は誰でも成功できる。その力を生まれつき持っている。成功するのを止めているのは、自分自身だということです。

といっても、その方自体が悪いわけではありません。自分の可能性を最大限に生かせないのは、過去に身につけた生き方のクセや思い込みがあるからです。

それを変えるポイントを知って行動していけば、どんな状況からでも道は開かれていきます。神様の応援が入り、スムーズに物事が動き出します。しかもそのポイントは、「当たり前」と言われるような簡単なことも少なくありません。

結局、自分のことは自分で救えるし、自分の願いは自分自身で叶《かな》えられるのです。

その具体的なしくみや実践法をお伝えしたくて、この本を書こうと思い立ちました。

神様が、どうしても応援したくなる生き方がある

ここで、改めて自己紹介をさせて下さい。

私は代々、霊能者の家系に生まれ、子どもの頃から見えない世界の存在が見えるのが当たり前な毎日を送ってきました。自分に見えているものが普通は見えないと知ったのは高校時代です。それくらい、私にとって「見えること」が日常だったのです。

しかし、その能力を生かすつもりはなく心理学を12年間学び、心理カウンセラーに。30代後半になって、ふとしたきっかけで電話占い師を始めたところ、あっという間に所属会社トップになり、5年間連続1位を続けました。

その後、やはりこれが、神様が用意してくれた道なのだと思い、本格的に霊能者として仕事を始め、今にいたります。

私は仕事でもプライベートでも、神様や見えない存在とコミュニケーションを取っていますが、神様がよくおっしゃることがあります。

神様は、常に人間に力を貸そうとしているのですが、多くの人たちは、それを拒否しているのだそうです。一方、神様を敬い、上手にそのサポートを受けられる人は、成功していくといいます。

また神様は、こうもおっしゃいます。どうしても応援したくなる生き方がある、と。

それは、多くの「成功者」と呼ばれる方たちを見てきて、私自身も感じていることです。くわしくは本の中でお話ししていきますが、その特徴を簡単に言えば、次のようになるでしょう。

ご神仏やご先祖を大事にしている　行動が早い　常識にとらわれない
感情が安定している　「ありのまま」でいいとは思っていない
謙虚である　感謝や思いやりの心がある　素直さを持っている
物事に執着しない　常に自分自身や仕事のやり方を改善している

こんな生き方をしている人は、神様に助けられながら望む未来を手に入れられますし、その後も、着実な人生を歩んでいかれます。

ただし、そのような方たちも、はじめからうまくいったわけではありません。望みを叶えようと悩み、試行錯誤する中で少しずつ変化し、成長していかれました。そのお手伝いをしながら、人が変わるためには何が必要なのかについて気づいたことも、お教えできればと思います。

本当の成功とは、心豊かな毎日が過ごせること

「成功」とひと口に言っても、100人いれば100通りの成功があります。ビジネスがうまくいっているから、「成功」していると言えるわけではありません。

どんなにお金や社会的地位があっても、家庭環境や心身の状態はボロボロという方もいます。逆に、幸せな人間関係や健康に恵まれていても、経済的な不安からなかなか抜け出せない方もいます。

本当の意味で成功しているとは、どんな状態でしょうか。

私なりの結論ですが、それは「心豊かな毎日を過ごせること」ではないかと思います。

心が豊かであれば、日々の出来事に翻弄《ほんろう》されず周囲に対して思いやりを持ち、自分自身も大切にできます。たとえ逆境が訪れてもタフに乗り越え、進んでいけます。

そんな状態で過ごせている人は、経済的にも精神的にも満たされていきます。つまり、日々幸せを感じながら願いを叶えていけます。神様から応援されるのは言うまでもありません。

この本では、私が神様から教えてもらった情報や、クライアントの方たちの生き方から学んだことを中心に、心理学の知識も使いながら、あなたが幸せに成功していくための秘訣《ひけつ》をご紹介していきます。

神様と強いつながりを築けるよう、神様界のシステムや神社で願いが叶うしくみについてもお話ししていきましょう。

いつもクライアントの方たちに接している時のように、「ちょっと耳の痛いこと」もお伝えするかもしれません。しかし、そこにこそ成功の秘密があります。

これから、あなたを成功に導いていくのは、他でもないあなた自身です。この本が、その道筋の有能で頼もしいパートナーになれることを心から願っています。

『神様がどうしても応援したくなる成功する人の秘密』目次

第2章 神様がほほえむ「完《かん》捨《しゃ》」と「ゆるし」の法則

第3章 うまくいっている人が続けている開運習慣

第4章 神様に応援される方法をお教えします

第5章 神様と本当に仲良くなりたい人のための神社参拝

装　丁　山之口正和＋沢田幸平（OKIKATA）
イラスト　村山宇希
構成・編集協力　江藤ちふみ（株式会社ひゅうが書林）
企画協力　了戒翔太（エバーグリーン・パブリッシング株式会社）
　高比良育美
本文ＤＴＰ　株式会社ＣＡＣ
校　正　有限会社あかえんぴつ

第1章

神様が応援したくなる人は、何をしているのか?

悩みは、成功の「種」になる

まず、ひとつ質問します。

あなたには今、何かしら悩みがあるでしょうか?

意外かもしれませんが、もし悩みがあったとしたらラッキーです。なぜかと言えば、悩みは成功の「種」になるからです。

「悩みなど、ないほうがいいに決まっているだろう」という反論もありそうですね。

確かに、仕事や人間関係で気苦労を抱えたり、お金の問題に四苦八苦したり、夢が叶わずにもんもんとしたりするのはつらいものです。

でも、ちょっと考え方を変えてみて下さい。

悩みがあるからこそ、なんとか解決しようと知恵を絞り、行動しませんか?

また、現状を変えようと工夫しませんか?

そうやって試行錯誤するプロセスは人間性を磨き、その人を成長させます。その結果が成功へとつながっていきます。

悩みがある時は、自分だけがつらいと思いがちですが、生きていれば、いいことばかり起こるわけではありません。どんな人も、大なり小なり心配事や問題を抱えています。ということは、誰もが、神様から成功の種をもらっているのです。

私が見てきたところ、悩みが大きい人ほど良い種を持っているし、悩みが多ければ、それだけ多く成功の種を持っています。

心配事は、人生をよりよく変えるチャンス

その証拠に、こんな話を聞いたことがあるかもしれません。

子どもの頃に恵まれない家庭環境で育った人が、大人になって自分が結婚した後、温かないい家庭を築いた。

若い頃にお金で苦労続きだった人が、仕事で成功して経済力を手に入れ、幸せな人生を送っている……。

困難があると、人はそれを解決しようと努力します。つまり、悩みや問題は、今の人生をよりよく変えるきっかけになるのです。

神様も、こうおっしゃいます。「悩むのはいいことであり、悩みはチャンスの種だよ」と。

だから、もし今あなたに心配事やうまくいかないことがあったとしたら、「もう私は成功の種を持っているのだ」と捉えて下さい。

しかし、不遇な環境にいた人がすべて、幸せな人生を歩むわけではありませんね。荒れた家庭で育ったことをうらみに思って人生を台無しにする人もいれば、一生お金に振り回される人もいます。

結局は、自分の進む人生を選ぶのは自分自身。与えられた環境でどう生きていくかで、幸せになれるかどうかが決まっていきます。

1章では、悩みという種から、「幸せ」や「成功」という花を育てるための基本的な姿勢についてお話ししていきます。まずは、神様に応援されながら、夢や問題解決へと向かっていくための基礎を作っていきましょう。

神様は、全員の願いを叶えようとしている

具体的な考え方をお話しする前に、お伝えしたいことがあります。

実は、神様からよく言われることがあるのです。

「自分たちは人間の願いを叶えてあげているのに、人間のほうが裏切るじゃないか」と。

どういうことかというと、神様の方では、私たち全員の願いを聞いて緻密な計画を立て、願いが叶うように、いろいろとお膳立てして下さっているのだそうです。

ところが、人間側の考えが途中で変わったり、自分がした願い事を忘れてしまったりするのだと言います。あるいは、想像通りの出来事が起きないことに嫌気が差して、願いが叶うまで踏ん張りきれなかったり、「自分はダメだ」とあきらめて途中で投げ出したりする人が多いのだそうです。

だから、「人間は裏切る」と神様はおっしゃるのです。耳の痛い話ですが、神様が私

たちにぜひ知っておいてほしいと思っていることなので、はじめにお話ししました。

しかし、神様が人間にバチを当てたり、人間を見放したりすることはないので安心して下さい。神様はいつも大きな慈愛をもって、私たちを見ていて下さいます。本当に懐が深い存在です。だから、願い事や心配事があったら、心置きなくお願いしたり、すがったりしていいのです。

ただし、せっかく神様に応援してもらっているのですから、がっかりさせてはいけません。神様の後押しに応える生き方、神様に喜んでもらえる生き方をしていく必要があります。そうすると、ますます神様は張り切って、私たちを応援して下さいます。

神様が喜ぶ生き方をすれば、応援は自然にやってくる

私自身も日頃から、神様に喜んで頂くにはどうすればいいかを考えています。また、個人カウンセリングや個人セッションなどでも、その方がどのような選択や生き方をすれば、神様が喜ぶかを基準にお伝えしています。

そうやってお伝えした内容を実行に移した方はどんどん運が開け、大きな変化を遂げられます。

さっそく、神様が喜んで応援するのはどんな生き方をしている人なのか、見ていきましょう。

まず神様が真っ先に応援するのは、悩みながらもあきらめず前に進もうとする人。ギリギリの状況でも希望を捨てず、人生をよくしていこうと行動できる人です。

十円玉をかき集めて、逆境から抜け出したIさん

今でも印象に残っているのが、20代でホームレス生活をしていたIさんの例です。相談の電話をもらったのは、まだ携帯電話が普及していない時代のことでした。

Iさんは20代の女性でしたが、家庭の事情で家を出て、拾った空き缶を売って、なんとか日々をしのいでいました。そんな中、缶拾いで手に入れた十円玉をかき集めて、公衆電話から「まともな生活ができるようになりたい」と相談してきたのです。

私には、Iさんが1年後にはきちんと暮らしているビジョンが見えました。同時に、Iさんの亡くなったおばあさんが出てきて、「私のお墓参りをするように」と伝えてきたので、そのまま彼女に伝えました。

さっそくお墓に行ったIさんが墓前でお参りしていると、おばあさんの謝る声が聞こえてきたとのこと。そこになぜか、ずっと会っていなかった父親が現れ、Iさんに謝ってきたそうです。

母親が亡くなった後、家を出ることを余儀なくされたIさんにとって、父親はずっ

と大嫌いで許せない存在でした。しかし、謝り続ける父親を見て涙があふれ、「もう、いいか」と許せたそうです。

その後、Ｉさんは心機一転。父親と和解し、化粧品販売員として就職。アパートも借りました。その部屋に引いた電話から、再出発できた喜びを伝えてくれました。

悩みがあるのは、真剣に生きている証拠

当時のＩさんは、毎日の食費にも困っていたに違いありません。しかし、そんな生活の中、なんとか人生を変えたいと行動を起こしたからこそ、Ｉさんの人生は好転したのです。悩むというと後ろ向きに捉えられがちですが、言い換えれば、悩むとは、自分の問題について必死に考えることです。だからこそ、現状を打破するきっかけをつかめるのです。

ちなみに、カウンセリングやセッションの際には、私自身とつながっている神様方からメッセージが降りてきます。

しかし時には、Ｉさんのケースのように、クライアントの方を守護しているご先祖

から伝言が来ることもあります。また、龍、天狗《てんぐ》、狐《きつね》などの見えない存在が、メッセージを伝えてくることもあります。どの方も複数の存在から守られているものですが、その方をメインで守護する存在が前面に出てきて、必要な情報を教えてくれるのです。

誤解のないように言うと、私は必ずしも占いやカウンセリングに行くことを勧めているわけでありません。もし悩みや課題があるのであれば、それが悪いことだと捉えず、解決のために行動を起こす。この姿勢が大切なのです。

悩むのは、真剣に生きている証拠。また、自分自身や周囲の人、仕事に対して誠実な証拠です。

皆さんを拝見していると、誠実な人ほど真剣に悩んでいらっしゃいます。そしてその結果、悩みの種を育てて結果を出しています。実際、すごい業績を上げ続けている経営者の方は、悩みながらも成功するまであきらめなかった方たちです。

順風満帆に見える人も、実は問題を抱えている

でも、いつも笑顔で順風満帆そうな人たちを見ていると、つい「いいなあ、悩みなんてなさそうで」と思いますよね。

私も昔は、そう思っていました。しかしこの仕事を始めて、それは勘違いだったと気づきました。どんなに幸せそうな人でも悩みを持っています。

私のクライアントはビジネス、芸能、スポーツなどの分野で活躍している方が多く、誰でも名前を知っているような方も少なくありません。光が強ければ闇が濃いように、華やかな世界で活躍し、不幸とは縁のないように見える人でも、大きな悩みや問題を抱えていたりするものです。

彼らは、なぜ問題を抱えながらも大きな成果を出して、人を勇気づけられるのでしょう。それは、悩みや問題という一見ネガティブ（陰）な部分がありながらも、自分が置かれた状況のポジティブ（陽）な面を見て進んでいるからです。

要するに、現状はどうあれ、自分のやりたいことや目標に向かって行動しているのです。彼らを見ていると、どんな状況であれ、自分次第で生き方を選べるのだとわかります。

うまくいくのは、ニュートラルな生き方ができる人

だからといって、無理にポジティブになったり、明るい面だけを見ようとしたりする必要はありません。

相談に来られる方の中には「ネガティブではいけない」と思っていらっしゃる方が多いのですが、それは勘違いです。ポジティブになろうと考えたからといって、すぐ変われるものではありませんし、いつもポジティブでいることがいいわけでもありません。

日常生活では嫌なことや思い通りにいかないこともあります。ですから、怒りや不安、苛《いら》立《だ》ちなどの感情も当然生まれます。その感情に振り回されなければいいのです。といっても、感情的に絶対に揺れてはいけないということではありません。人間で

すから、感情の起伏はあって当然です。ネガティブな面があってもOKだし、時には心が乱れても大丈夫。ただ、常にバランスをとることが大切なのです。

神様も、人生には「バランス」が大事だとおっしゃいます。生きるのが上手な人、成功する人は、ポジティブとネガティブのバランスをうまくとれる「いい加減（良い加減）」な人だと。そして、それが本当に「ポジティブな人」だと。

いい加減な人とは、バランスをとるのが上手な人であり、ニュートラルな生き方ができる人。人や自分自身の状態に対して、また、出来事に対して、「いい、悪い」をジャッジせず、淡々と受けとめていける人です。神様に言わせれば、そのようにおおらかで、陰陽のバランスがとれている人がもっとも幸せなのだそうです。

あなたも、そんな「いい加減」な人を目指していきましょう。

その具体的な考え方や心のバランスのとり方は、2章以降でくわしくお話ししていくことにして、まずは、神様が喜ぶ生き方、成功する生き方の基礎を見ていきます。

成功する悩み方にはコツがある

悩むのはチャンスだとお話ししましたが、成功するための悩み方にはコツがあります。まずIさん（25ページ）のように、必ず問題解決や願望実現へ向けての行動が伴っていなければなりません。さらに、すぐ行動したほうが、エネルギーが大きく動きます。また、問題も早く解決します。

成功している人は行動にスピード感があり、「あ、今だ」と思った次の瞬間には動いています。特に、直感に従ってすぐ動く人が多いのが特徴です。

旅行会社を経営しているOさんの例で見てみましょう。

Oさんが直感を受け取ったのは、まだ旅行会社に勤めていた20年前のこと。プライベートで訪れたアメリカの聖地セドナで、突然「会社をやめるように」と「啓示」が来たのだそうです。それまで、霊感はまったくなかったOさんですが、その時だけははっきりと「声」が聞こえたとか。

その後、Oさんの行動は鮮やかでした。帰国した翌日、Oさんは辞表を提出します。転職したかったわけでもなく、何かをやりたいという希望があったわけでもなかったそうですが、なぜかそうしようとすんなり思えたそうです。

辞表を提出した後すぐに会社を設立。今は、国内外のパワースポットや寺社への旅行やイベントを企画したり、パワースポットに関する本を出版したりと、活躍しています。20年前はまったく想像もしていなかった状況だそうです。

エネルギーには「旬」がある

Oさんのように、すぐに思い切った行動ができたら素晴らしいですね。

成功法則の本にも、よく「行動が大事」と書いてあります。しかし、その真の意図をご存じでしょうか。それは、立派なことや人から評価されることをやるという意味ではありません。行動とは、「エネルギーを動かす」ことです。

たとえば、「この情報は使える」と思ったり「これをやりたい」と感じたりした時は、エネルギーが「旬」の状態です。その旬を逃さず動くのがポイントなのです。

旬の時に行動すると、その人を取り巻くエネルギー全体が動きやすくなります。エネルギーは「生物《なまもの》」なので、旬の時に動かしたほうがより大きく動くのです。そして、エネルギーに勢いがある時に動いた方が神様も応援しやすくなり、大きな変化が起こせます。

逆に、そう思った瞬間に動かないと、いつまでもうじうじと考え続けることになり、結局、行動できなくなってしまうのです。

スマホで検索するだけでも、エネルギーは動かせる

しかし、いくらすぐ動く方がいいとわかっても実際に動き出すのは、けっこう勇気がいるものです。誰でも、未経験のことをやる時にはためらいがありますし、今まで自分自身で何かの行動を起こし、いい結果を得た経験が少なければ、二の足を踏むのは当然です。

でも、直感に従って行動したら、人生が楽しくなり可能性にあふれてきた。ふとひ

らめいて動いてみたら、思いのほかうまくいった。そんな体験を一度でもしたら、次はもっと気軽に動けるようになっていきます。

「なんとかして動かなければ」と思うと億劫《おっくう》になりますが、先ほどお話ししたように、行動とはエネルギーを動かすことですから、「まず、エネルギーを動かしてみよう」と考えてみて下さい。

実際、エネルギーを動かすのは簡単です。たとえば、友達と楽しくご飯を食べるだけ、散歩するだけ、映画や買い物に出かけるだけで、エネルギーは動きます。また、何かに興味を持ってスマホやパソコンで検索するだけでも、エネルギーは動いています。だから、すぐできそうなこと、日常的なことから始めればいいのです。

こう考えると、今がどんなに八方塞《ふさ》がりに思えたとしても、できることはたくさんありますね。

次にお参りしたいと思っている神社やランチしたいと思っているお店の情報をスマホで調べるだけでも十分です。ぜひ、すぐにやってみましょう。

世間の常識から自由になると、成功が近づいてくる

　では、そうやってエネルギーを動かし始めた後は、どのような考え方が必要になるでしょう。

　クライアントの方々で、長年成功し続けている人を見ていて思うのは、「世間の常識に縛られない考え方」が大切だということです。これも、神様に応援される秘訣のひとつです。

　少し漠然としているかもしれませんが、ひと言で言うなら「変人」でいいということです。実際、私の周りにいる「成功者」と呼ばれる人たちは、少し変わっています。

　どんなふうに変わっているかというと、人と同じことをやりたがらない。時代の流れに逆らう。納得しなければ絶対に動かないけれど、自分の腑《ふ》に落ちたら誰になんと言われても実行する。見えない世界が大好き……。念のために言うと、これは悪口で

はありません。ほめ言葉です（笑）。

現在5つの運送会社を経営しているAさんも、成功するために、常識にとらわれないことを意識したといいます。

彼がそう考えるようになったのは、貧乏な青年だった頃のこと。ある大物経営者に成功の理由を聞いたところ、「世間の常識や時代の流れに逆らったからだ」という答えが返ってきたのだそうです。

その後すぐ、Aさんは1台のトラックで、ある果物を運ぶところから事業を立ち上げました。そして、他社が扱わない積荷や取引先を開拓し、今にいたります。最近は運送業だけでなく、パンデミックの状況を逆手に取った事業を展開して喜ばれ、売上をさらに伸ばしています。

「ありがとう」を46万回書いてわかったこと

「変人」という部分では、私自身も人のことは言えません。

私は、何でも自分で試さないと気が済まない実験好きな性格ですから、時には

「えっ⁉」と驚かれるようなこともやってしまいます。少々極端な例ですが、お話ししましょう。

「ありがとう」を1万回×年齢分、書いたり唱《とな》えたりすると人生のステージが変わるという話があります。作家の小林正観さんが提唱された理論です。

その話を聞いた私は、「よし、自分でやってみよう」と実験を開始しました。

当時46歳だったので、実際に「ありがとうございます」を46万回書いたのです。かかった時間は1年半。ノート5冊分になりました。

その結果、どうなったと思いますか？

まず、しばらく続けていくと、次々に感謝が湧いてくるようになりました。現実で起こる出来事は以前とあまり変わらないのですが、感謝の気持ちしか湧かなくなるのです。

そして、1万回を超えたあたりから、大小さまざまなレベルで嬉《うれ》しい出来事や未来につながるご縁が引き寄せられてきました。

たとえば、まったく未知の土地で物件を探し始めた当日に、好条件の部屋が借りられたり、それまで雲の上の存在だった著名な経営者の方と知り合えたり、あるいは、気軽に始めたサイドビジネスで地域ナンバー1を売り上げて表彰されたり……。

常識の枠から、一歩出てみよう

でも、もっとも大きかったのは、それまで出会えなかった人と接する機会が増え、その影響を受けて、私自身の人生のテーマや進むべき道がはっきり見えたことです。

そのテーマとは、もっと人の役に立ちたい、社会貢献していきたいということでした。この時の気づきが、今経営している会社や一般社団法人の設立につながっています。

といっても、もちろん皆さんに同じことをやるように勧めているわけではありません。私の体験談は、あくまでもひとつの例として捉えて下さい。

ただ、何でもやってみようとする姿勢、そして、「こうしなければならない」という常識の枠から一歩出てみる姿勢は、意識するようにしてみましょう。すると、今までとは変わり、視界が広々としてくるはずです。

そもそも、この本を手にとった時点で、あなたはひとつ行動を起こしてエネルギーを動かしています。

その上、神様をはじめとする見えない世界について興味を持っているのですから、立派な「変人」です。成功する資質は十分ですから、自信を持って読み進めていって下さいね。

神様は、「経験」と「継続」を見ている

さあ、神様の期待に応え、どんどん応援してもらいましょう。

ある時、神様がふだん人間のどこを見ているのか、直接尋ねてみました。すると、「経験」と「継続」という答えが返ってきました。

その人が日々どんな「経験」を積んで、何を「継続」させているか。これを神様は見ているというのです。

叶えたい目標に向かって経験を積み、それを地道に継続していく。

また、目の前のことに淡々と取り組み、日々やるべきことを続けていく。

この２つができている人を、神様はちゃんと見ていて、いざという時に力を貸してくれるのです。同時に、この２つができればどんな分野でも実力がつき、自然に成功していけます。

言うまでもなく、何かを達成するために経験や継続が必要なのは、誰でも知っていることです。ですからあなたも、「何だ、基本的なことか」と思っているかもしれません。でもこの基本を、人間は理解できていないのです。

占い師時代から今までいろいろな方の相談に乗ってきましたが、「今すぐ願いを叶えたい」「苦労せずに夢を叶える方法が知りたい」という方がけっこういらっしゃいました。

確かに、何の努力もせず、願ったらすぐに夢や目標が叶えば嬉しいですね。

しかし、残念ながら成功とは、お湯を入れれば3分で食べられるインスタントラーメンみたいに手軽なものではありません。自分の納得いく結果を出すためには、まず具体的に動き出す必要があります。また努力が必要ですし、時間もある程度かかります。

厳しい言い方かもしれませんが、成功できない人はそのことを忘れているようです。ですから、嫌なことや思い通りにいかないことがあると、「自分はダメだ」「運が悪い」「この道じゃない」と言って、すぐあきらめてしまいます。

逆に、成功していく人は、途中でくじけません。経験を重ね、逆境や試練を乗り越えて人間的にも成長し、結果を出していきます。

行動しない人は、神様も手助けできない

では、なぜ人間は継続が苦手なのでしょう。

その大きな理由が、私たちが「ゼロか100か」で物事を考えやすいことです。

たとえば、「すぐ夢が叶わないなら、このままでいいや」と自分をごまかす。あるいは、いったんスタートしたら、すぐ100の結果が欲しいと思う。

だからいつまでも動き出せないし、たとえ動き出しても、結果が出るのを待てずに失速する。そんな傾向が私たちにはあるのです。「そうか、だからダメなんだ」と思わなくてもいいですよ。自分の傾向がわかれば対策が打てますから。（のちほど継続のコツもお話しするので参考にして下さい。）

もちろん我慢や無理をしてまで、嫌なことを続ける必要はありません。

しかし、1曲も作っていない人が、「作曲家になりたい」という願いを叶えられるは

ずがありません。まず曲作りや歌を勉強し、実際に作詞や作曲をして、それを発表しファンを増やして、初めて夢への道が拓《ひら》けていきます。

いくら「思い」や「願い」や「夢」があっても、行動しない人は神様も手助けすることはできないのです。

「成功した人は、もともと能力が高いから継続できたし、結果が出たのだ」と言う人もいますが、どんなにスゴ腕の経営者でも、たくさん失敗しています。トライアンドエラーを重ねながら経験を積み、努力し続けています。

私は時々、この人はすごいなと思う人に「成功の秘訣は？」と聞いてみるのですが、どの方も口をそろえて「とにかく、続けることだよ」「継続は力なりだよ」とおっしゃいます。

途中で挫折したり間違ったりしながら、また立ち上がり進んでいく。その姿を神様はちゃんと見守って下さっているのです。

人生を変える気づきを得る秘訣とは

ひとつのことを続けていくと、必ず成長していきます。そして、神様とのご縁が自然に深くなっていきます。

すると、ピンチの時に応援が来たり、人とのご縁をつないでもらえたりするのですが、「人生を変える気づき」という形で、神様から手が差し伸べられることもあります。

「彼の気持ちを知りたい」と相談してきたＧさんもそうでした。

話を聞いてみると、その彼というのがひどい男性で、Ｇさんにお金を借りたり、浮気をしたり、小間使いのようにこきつかったり……。挙句の果てに、Ｇさんは日常的にＤＶ被害も受けていました。

普通に考えれば、すぐに別れるべき相手です。しかし、そう助言しても、彼女は「ふだんの彼は優しいから、別れる必要はありません」と言うのです。そこで私は、とにかく、氏神《うじがみ》神社（その地域を守っている神社）に毎日参拝するようにアドバイスしました。

その言葉通り、毎日参拝すること３か月。

Ｇさんは、本当は今まで自分が我慢に我慢を重ねていたこと、そして本心では彼を許していなかったことに気づいたそうです。彼女は氏神様に彼との決別宣言をして、２人の関係をきっぱり終わらせました。その後、素敵なパートナーと巡り合って結婚し、出産。今ではお子さんも高校生になり、幸せな人生を歩まれています。

毎日神社に通い続ける中で、Ｇさんは少しずつ、かたくなだった心を見つめ直し、自分の本音に気づいていったのでしょう。そのプロセスに、神様のサポートが入っていたのはいうまでもありません。

三日坊主でも、ちゃんと継続できる方法

「でもやっぱり、継続は苦手だなあ」と思ったあなた。心配ありません。

「できないこと」ではなく「できること」をするのが、継続です。

長く続けなければと思うと面倒になって動き出せませんが、まずは、「やりたい」と思ったことをやってみる。「これなら続けられるな」と思ったことをやってみる。そこから始めて下さい。

新たに始めたことが、三日坊主や四日坊主になっても構いません。いったんやめても、再開すればいいのです。

エネルギーを大きく動かしたければ、好きなことをやりましょう。すると楽しく続けられますし、状況が変わりやすいというメリットもあります。

自分がやりたいことや大好きなことをしていると「ああ、幸せだなあ」「嬉しいな」

「最高！」と思いますよね。その時、私たちのエネルギーはダイナミックに動くのです。

その「好き」「これをやりたい」というエネルギーのまま進む方向を定めていくと、運がどんどん拓けていきます。

ですから、もし今あなたが、まだどの道を進むのかを見定めていなくても構いません。

身近にあるやりたいことや好きなことをやってみましょう。たとえば、好きなアーティストの歌を聴く、行きたいお店に行ってみるなど、無理せずできるところから始めていくのです。するとエネルギーが動き、次にやりたいことがどんどん見えてくるでしょう。

やりたいことがない人や、好きなことがわからない人は、自分自身がその状態でいるのが居心地いいのだということに気づきましょう。

あなたのことは、あなた自身が一番よく知っています。

「わからない」で止まるのではなく、答えは自分が持っていると考えてみると、少しずつ好きなことが見えてきます。その上で、「本当はどうしたいのか」「自分は何が好きなのか」を見極めていけばいいのです。

人間力を上げれば、神様の後押しが自然にやってくる

ここまで、神様が喜んで応援してくれる人の特徴を見てきましたが、ここから、もっとも大事なポイントをお教えします。

私の知る限り、「この方には神様の後押しが強いな」「神様に期待されているな」と思う人は、人間力の高い人。言い換えれば、「人としての器」が大きい人です。

これは特に重要なポイントなので、くわしく見ていきましょう。

人間力の高い人とはどんな人か。彼らはどんな時も感情が安定しています。怒るところを見たことがありません。

職業柄、私は日頃から人の感情の動きに敏感ですが、尊敬する経営者や素敵だなと思う人生を送っている人たちは、常に感情が一定です。その方たちの中に、怒りのエネルギーを感じることもありません。

彼らに、「なぜ、そんなに怒らないでいられるの？」と聞くと、「怒ると、相手と同じ土俵に乗ることになるから」「怒るのはきらいだから」とニコニコしています。心に余裕があり、人間としての器が広いからこそ出てくる言葉でしょう。

そういった人には、人望も信用も集まります。もちろん、仕事やお金にも恵まれます。そして何より、神様に愛されます。

しかし現実問題として、聖人君子でない限り、何があっても怒らないなんて無理ですね。毎日の生活の中でイラッとしたりカチンと来たりすることは、誰にでもあります。

もちろん、先ほどの方たちも怒ることはあると思います。しかし彼らは、一瞬怒りが湧いても、それを上手にスルーできます。そして感情を上手にコントロールして、自分にとっても相手にとっても、よりよい選択をしていけます。

つまり、神様が好きな人は「いい加減」な生き方ができるのです。そしてそれが、人としての器が大きいということなのです。

「器の大きさ」はいつでも広げられる

「器を大きくするなんて、ハードルが高すぎる」と思った人もいるかもしれません。確かに、1日や2日でできることではありませんし、これまで意識してこなかったのであれば、難しいと感じるのは当然です。

でも、多くの方が願いを叶えていく過程を見てわかった結論なので、ここはあえて繰り返します。

神様との関係を深める最大のポイントは、人間力。神様に好かれるには、人間としての器を大きくすることが大事なのです。

人間性を高めると、神様とのつながりはどんどん強くなっていきます。つまり、「人としての器を大きくすること」が、そのまま神様に応援される秘訣となるのです。

実のところ、人としての器を広げることは、決して難しいことではありません。

「人の器」というと、なんとなく「持って生まれたもの」というイメージがあるかもしれませんが、実は、ポイントさえ押さえれば日常的にささいなことを意識するだけで、簡単に広げられます。そして、そのポイントを意識するたびに神様が喜びます。たとえば、人に親切にする、身近な人に思いやりを持つ、挨拶をきちんとする、感謝の気持ちを持つ……。どれも、昔から教えられてきた「当たり前」のことですね。

　でも、先ほどお話しした継続ができないのと同じで、この当たり前のことを、私たちは忘れてしまっているのです。


　しかし、常に感謝の気持ちを持って、人に対する思いやりや優しさを忘れなければ、日々の出来事に翻弄されず、安定した心でいられるようになります。また、自分自身も大切にできるようになります。

　そんな状態で過ごせている人は幸せですから、それだけである意味、成功していると言っていいかもしれません。そして、その「当たり前」を実践していれば、神様から「お、こやつは見どころがあるぞ」と目をかけてもらえる人になれるのです。

感謝できないことに、感謝していますか？

人間力を高めたいと思ったら、その「当たり前」の中でも、まず「感謝」することを、改めて意識していきましょう。

家庭でも学校でも、私たちは子どもの頃から感謝の大切さを教えられます。ですから、あなたも「もう、わかってますよ」と言いたいかもしれません。

でも、ふだんの生活を振り返ってみて下さい。

いいことや嬉しいことには感謝できても、思惑通りに進まなかったりトラブルが起きたりしたら、感謝できないのではないでしょうか。

ハッとしたかもしれませんが、それは本当の感謝ではありません。

不幸に思える出来事が起きたとしても、その出来事があったからこそ得られるものがあり、気づけることがあります。

また、時に私たちは人生のトラブルに見舞われたり、不遇な状態に陥ったりしてしまいますが、それは、究極的に幸せになるために、その出来事が必要だったからです。そこに気づけば、人生に起きるすべてのことに感謝できるようになっていきます。

大事故に遭って、仕事が急成長したMさん

しかし、不幸の渦中ではもちろん感謝などできないでしょう。また、「不幸に感謝するなんて」と抵抗を感じる人も多いかもしれません。でも、後で振り返れば、アクシデントやトラブルが人生のターニングポイントになっていたというケースも少なからずあるのです。

私のクライアントの中にも、ネガティブな出来事が次のステップにつながっていた方がおおぜいいらっしゃいます。Mさんの例をお話ししましょう。

Mさんは、スピリチュアルな能力を生かして仕事を始めたばかりのシングルマザーでした。ところが、師匠だった人に嫉妬されてパワハラを受け、Mさん自身も、師匠

への遠慮も手伝って自分の能力を信じられず、事業もうまくいっていませんでした。ひと目見て、彼女の能力を見抜いた私は、自分の力を受け容《い》れるよう勧め、Mさんも自信を持って仕事をしていこうと決めました。
ところがその翌日、Mさんは交通事故に遭ってしまいます。それは、生死の境をさまようほどの大事故でした。しかし、臨死体験を経て、彼女の能力はさらに開花したのです。Mさんは事故に負けることなく、リハビリを経て復活。

その後、本格的に始動した仕事は急成長し、1年後には法人化して、今は月商300万円を超すまでになりました。

今後何が起きても、成功するしかない

もしMさんが事故に遭ったことを悲観して自分は不幸だと決めつけ、仕事への気力を失っていたら、今の状況はなかったかもしれません。リハビリも含めて、再起するために努力したからこそ、現在があります。Mさんは、「当初は不運を嘆いたけれど、今は事故に遭ったことを感謝している」と言っています。

結局、起きたことをどう捉えるかでその後の人生が変わっていくのだと、Mさんの例は教えてくれました。

そうはいっても、「いいことだけ起きてほしい」というのが、人間の本音かもしれませんね。やはり私たちは、トラブルや問題など起きてほしくないと思うものです。

しかし、究極的に幸せになるためには、そのトラブルが必要なのです。困難をクリアするから、魂が成長して、究極の幸せに近づけるのです。

人生には、陽の部分だけがあればいいと思うかもしれませんが、陰がどんなものかわからなければ、陽の状態を体験しても、それが幸せだとは感じられません。まずい料理を食べなければ、おいしい料理がわからないのと同じです。

この世界は、陰と陽の2つの側面があって、初めて成り立っています。両者はワンセットの関係なので、陰陽のどちらかだけしかない物事はありません。

成功や幸せも、陰と陽がセットだからこそ成立しています。

その世界で生きる私たちにとって、究極の幸せとは何でしょう。

それは、たとえ「不幸」に見えることが起きても、幸せに成功していくためのプロセスに過ぎないと考えて進んでいける生き方です。

そのことに気づけば、今がどんな状態であっても、今後何が起きても、もう成功するしかありません。そして、幸せになるしかありません。それ以外に道はないのです。もちろん「不幸」になることもありません。

今は答えをすっきり出せなくても大丈夫です。悩みながらでもいいのです。自分のできることから始めていきましょう。それは、神様が喜ぶこと。そう、この章で見てきた、今すぐできる「当たり前」のことです。

第2章

神様がほほえむ
「完《かん》捨《しゃ》」と「ゆるし」の法則

成功する人と成功できない人を分ける「完《かん》捨《しゃ》」の法則

1章では、神様が喜んで応援してくれる生き方のベースを作ってきました。
この章ではそのベースを踏まえた上で、成功していくためのカギとなる「完捨の法則」についてお話ししていきます。

完捨とは、「感謝」にかけた造語です。

神様はいつも「感謝が大切だよ」と教えてくれるのですが、成功する人を見ていると、その感謝はもちろんのこと、皆が共通して「完捨」しているなと気づいたのです。

では、完捨とは何でしょう。文字通り、「完全に捨てること」です。しかし、もっと深い意味を込めています。

完捨とは、自分の欲や思惑を完全に捨てて、感謝しながら与えられたものを受け取ること。また、起きることをいったんすべて受け容れ、もし不要であれば、執着せず手放すことを指します。

完捨の法則に沿って生きていくと、まずストレスが減り、生きやすくなります。そして人間力が上がり、人生の展開が早くなります。なぜなら、神様の応援が入りやすくなるからです。ぜひ、あなたがこれから成功していく道のりで、この完捨の法則を使って下さい。

バッサリ捨てると人生は激変する

完捨の法則でもっとも大事なのが、「捨てること」です。

「完捨」には、古い価値観や思考パターン、自分がこだわっているものなどをすべて捨てるという意味もあります。

成功している人はふだんから、捨てるのが得意です。物や立場は言うまでもなく、古いやり方やシステム、考え方を適切なタイミングでスマートに捨てています。

彼らを見ていると、「生き上手は、捨て上手」だとつくづく思います。

「捨てる」と言うと語弊がありますが、時には、自分にはそぐわなくなった人間関係も思い切って手放します。

普通の人ならためらうような状況で、思い切って自分にそぐわない人間関係を捨て、人生が激変したRさんのような女性もいます。

新築中の家を捨てると決断し、起業したＲさん

Ｒさんが相談に来たのは、新居の建築中のことでした。ご主人と小さなお子さんとの３人暮らしで何不自由ない生活でしたが、「私の人生、これでいいのかな」という思いがずっとあり、解決のヒントを探しに私のところに来られたのです。

私が受け取ったメッセージは、「離婚して、次のステージに進んだほうがいい」というものでした。しかし今のＲさんには、唐突すぎるメッセージです。伝えることを一瞬ためらいましたが、「はっきり教えて下さい」と言われ、ストレートに伝えると、当然Ｒさんは驚きました。

「このまま進んでもうまくはいかない」と見えたままを伝えると、最終的には、Ｒさん自身も、心の奥底にあった違和感と向き合おうと決心したようです。その後、スパッと離婚し、やりたかったことで起業して会社を設立。数年後に再婚もしました。今は、新しいご主人との間にもお子さんが生まれ、家族４人で充実した人生を送っています。

新居の建築中に離婚するというのは、かなりの覚悟が必要です。

しかし自分の心に従って、持っているものをバッサリ捨てられる人には、新たなステージが待っています。

執着が成功を遠ざける

とはいえ、Rさんのように思い切って行動できる人は少数派。頭では、手放さなければいけないとわかっていても、今の人間関係、立場や習慣、仕事などを「完捨」するのは、私たちにとってなかなか難しいですね。

その理由は明確です。どうしても、執着が邪魔するのです。

執着は、悩みの発生源。本当は手放すべきものにしがみついていると、心の重荷になってしまいます。また、執着心が強いと視野が狭くなり、必要な助言や新しい情報を受け容れられません。するとその分、成功が遠のきます。

物事に執着しなければ、エネルギーが軽くなり前に進めます。不要な執着はさっぱりと手放していきましょう。

でも、人間であれば誰しも、何かしら執着を持っているものですね。それに適度な執着心は、努力のためのモチベーションとなり、成功への糧になります。ですから、執着を持つこと自体が悪いと言っているわけではありません。

ただし、執着が強くなり過ぎると危険です。こだわっているものに振り回されて、自分本来の生き方から遠ざかってしまいかねません。当然、成功するのは難しくなります。また、もし表面上は成功できたとしても、心から幸せだなあと思える時間は得にくいでしょう。

あなたが本当は手放すべきもの

では、執着を手放すべきケースは、どんな場合でしょう。

たとえば、子どもの頃からの夢に執着して、まったく芽が出ないのに、ずっとその夢を追いかけ続けている人がいたとします。本当であれば、その人の人生には別の可能性があるのかもしれません。

しかし、「昔からの夢だから」とこだわってしまうと、せっかくの才能や可能性を活かすことができないまま人生が終わってしまいます。こんな場合は、引きずっていた夢を手放すと、必ずその人を生かすための新しい扉が開くでしょう。

また、1人の人に固執してしまうのも問題です。その人に翻弄される人生になってしまいます。さらに、特定の人の生き方や発言に執着するのもよくありません。自分自身の人生ではなく、その人の人生を生きることになるからです。

家族やパートナーなど、特定の人間関係を捨てられない人は、強制的に捨てさせられる場合もあります。たとえば、親が子どもに対して強い執着を持っていると、子どもの方から家出するという形で、子どもとの関係を手放さざるを得なくなってしまうのです。

これは、人間関係に限ったことではありません。捨てるべきものを自分で捨てないと、突然失うという形で、強制的に捨てさせられる場合があると思っていて下さい。

いずれにしろ失うことになるのなら、自分の方から手放した方がダメージは少なくて済みますね。

変化して成功へと進む人、いつまでも足踏みを続ける人

神様は、何事にも執着しない柔軟な生き方を喜びます。

不要なものを捨てられれば、物事にとらわれず、ニュートラルに生きていけるからです。

では、捨てるべきものを捨てて前に進める人と、いつまでも不要なものに執着して足踏みする人の違いは何でしょう。

私の見る限り、捨てられない人は、「今の状況を守りたい」という気持ちが強い人が多いような気がします。そういった人は変化すること自体を嫌うので、その状況に満足していなくても、そこにいたいと思うのです。

一方、サクッと捨てられる人は、変化することを怖《おそ》れません。そして、素直です。たとえば、クライアントの方でも私のアドバイスに納得して、すぐ行動に移す人は、どんどん状況が変わり成功していきます。

「人生の大ピンチ」は、捨てるチャンス

ちなみに、個人レベルでも地球レベルでも、「非常時」は不要なものを捨てて変化するチャンスだと思って下さい。

たとえば、災害やパンデミックなど、今までにない状況が起きると、人は強制的にこれまでのライフスタイルや生き方を見直さざるを得なくなります。そして、好むと好まざるとにかかわらず、それまでとは違う新しい生き方を選んでいくことになります。

また、病気やケガ、大切な人との別れや失職など、人生の非常事態も同じです。

それらの不運にも見える人生の一大事をポジティブな側面から捉えると、それまでの執着や古い考え方を捨てるチャンスにできます。

これも知っておいて頂きたい重要な法則ですが、変化する時には、必ず「破壊」と「再生」のプロセスが起こります。

災害などの非常時は破壊が起きて、今まであったものがいったん崩壊しますが、長い目で見れば大きなチャンスの時でもあるのです。

もちろん、大切な人命やこれまで築いてきた世界が破壊されることを肯定しているわけではありません。ただ、破壊の後には、必ず新しいものが生まれます。

逆に言えば、新しい何かを生むためには、いったん古いものを壊さなければならないのです。これは、私たち個人の人生においても同じです。

しかしこう考えれば、望まぬ事態が突然起きたとしてもパニックにならず、また希望を失わず、成功という目標を見続けられるのではないでしょうか。

あなたの「器」は、古いものであふれていませんか？

ところで、根本的な質問ですが、なぜ捨てることが重要なのだと思いますか？

それは、当然のことながら、捨てないと新しいものが入ってこないからです。

1章で、人の器は大きくできるとお話ししましたが、「今の器」は有限です。

ひとつのことにこだわり、いつまでも手放せずにいると、新しいものが入ってくるスペースが生まれません。古いものや自分に合わないものを抱えたまま、無理に別のものを入れようとすると器からあふれてしまい、人生がうまくいかなくなります。

「自分には必要ない」「今の感覚にはそぐわない」と感じたら潔く手放し、新たなものをつかんだ方が、人生はスムーズに運ぶのです。

もし、「停滞した状況から脱却したい」「今の人生を変えたい」と願っているのなら、自分が何に執着しているのかを見てみましょう。

これからの時代は、さらに変化が早くなるので、変わることを怖れない姿勢がますます必要になってきます。これまで手放せなかったものを手放して、今から変化し始めておけば、いち早く時代の波に乗っていけるでしょう。

「直感」を頼りにすれば、間違いなく捨てられる

捨てたほうがいいものや捨てるべきタイミングを判断するのに重要なのは、ただひとつ。直感力しかありません。

何を捨てるかも含めて、ひらめきを行動に移すと、1章でお話しした旅行会社経営の○さんのように運気が大きく動くケースも多いのです（31ページ）。

直感やひらめきは、心の奥から届いたあなた自身の声です。

直感という心の声に素直に従える人は、行動して成果を出せます。一方、せっかく届いた直感を無視する人は、悩みの種を種のままで終わらせてしまいます。

今までは、外側にあふれている情報を見て、物事を判断する時代でした。しかし、これからは外側を見るのではなく、まず自分の内側を見て下さい。

特に、自分自身の感性や感覚を、しっかり見ることが大事になってきます。

あなたがふと思ったことや感じていることは、そのまま直感につながるからです。

「わからない」「できない」がブロックになる

でも、自分の直感に自信が持てない人は多いようですね。

ある時、クライアントの方が「私には直感がないし、感覚が鈍いから何もわからないんです」とおっしゃるので、「『ない』『鈍い』と言っていることが、そのままブロックになっていますよ」とお伝えしました。

するとその方は、すぐその言葉を変えて、自分には直感があるのだと思って、日々行動するようにしたそうです。その結果、少しずつひらめきが湧くようになり、それをもとに動けるようになったと喜んでいらっしゃいました。


あなたも、「直感を受け取れない」「私には無理」と言っていませんか？

今日から、それらの言葉はシャットアウトして、自分の中でパッとひらめいたこと、最初に感じたことを大事にして行動していきましょう。すると、いろいろなことが動き始めるでしょう。

ただし、直感を行動に移す際に、一瞬でも悩んだり迷ったりしたら、やめたほうがいいと私はいつもお伝えしています。なぜなら、その行動に迷いのエネルギーが乗り、その通りの結果になるからです。

また、湧き出たひらめきについて、あれこれ考えて出した結論に従って行動するのもおすすめできません。それは思考の結果であって、直感ではないからです。

自分がもっとも望んでいることは自分自身が一番よく知っていて、不意にひらめきという形で訪れます。

最初に届いたその声、つまり直感に、素直に従ってみましょう。

神様に愛されるのは、素直でピュアな人

素直さは、神様に愛される要素のひとつです。逆に、素直でない人、「我」が強い人には、神様は少し距離を置きます。

素直とはどんなことか。わかりやすい例をご紹介しましょう。

たとえば、「部屋を片づけなさい」と言われた子どもが、すぐ片づけず「えーっ」と返事をしたら、そこに「我」があるのです。「はい」と言って片づけを始めたら、「我」が抜かれた状態です。

私たち大人が「我」をもっているかどうか、簡単にわかるテストがあります。

あなたは、次のような言葉をよく言ってはいませんか？

「でも」「だって」「だけど」……。このように、会話の始めに否定の言葉が出るようなら、「我」が出ているのだと思って下さい。

また、「私なんか」という謙遜も、「我」が入っています。自分の置かれた状況や与

えられた能力を素直に受け取っていないということだからです。

「私、いつも使ってる」とドキッとしたかもしれませんが、ふとした拍子に言ってしまいがちな言葉です。頭の中で思うだけでも影響があるので、ふだんから気をつけたいですね。

鏡の中に、あなた自身の「神」がいる

1章で、氏神様に3か月通い続けたGさんの例をご紹介しました（44ページ）。

実は、私が氏神様に通うように勧めたのには、理由があります。毎日神社に行くことで、自分を見つめ直してほしかったからです。Gさんはそれを素直に実行し、雨の日も風の日も欠かさず通い続けました。

普通の人なら、1日2日休んだかもしれません。また、途中でやめることもできたはずです。しかしGさんは、助言通りにやり続けました。それだけ純粋だったということです。神様がそんなGさんに手を貸さないわけがありません。

神社の拝殿に丸い鏡が祭られているのを、見たことがある人もいるかもしれません。あの鏡は、そこに映った自分自身から「我」を抜くためにあると言われています。そして、鏡に映った自分の「我」が抜けた状態が「神」であるという示唆が込められています。

自分自身を見つめるために、そして自分の中にある神を感じるために、鏡を使って簡単なワークをしてみましょう。

手鏡でも洗面所の鏡でもいいので、鏡を見て、そこに映し出されている自分が神だと思い、「神である自分」と対話してみるのです。

話すのは、どんな内容でも構いません。「今、どう思っている?」「何がしたい?」などと話していくと、本当のあなたが感じていること、やりたいことが心の中から浮かんでくるはずです。

鏡に向かって話すのは少し照れくさいかもしれませんが、ゲームのつもりで楽しく取り組んでみて下さい。

このワークをやっていくと、鏡の中の自分と対話している時以外にも、ふとした瞬間に、ひらめきや直感が訪れやすくなります。それが、「神」であるあなたが望むこと、自分に伝えたいことです。

できるところからでいいので、毎日の生活の中で、その「声」を少しずつ実行に移してあげて下さいね。

成功者は、「ありのまま」でいいとは思っていない

素直な人は、完捨できる人。そんな人には、大きな特徴があります。

それは、自分が「ありのまま」でいいとは思っていないことです。

デキる経営者は、特にその傾向が強いようです。仕事でもプライベートでも、常に改善することを基本としているので、いいと思ったことや変えなければと感じたことは即実行します。

有能なビジネスパーソンには「今が最低レベルだ」という意識があり、成長したいという思いが強いのです。その思いが強い人は、ポジティブに自分を追い詰められます。だから、結果も残せるのだと思います。ネガティブにではなく、ポジティブに自分を追い詰める。これも、成功するための秘訣です。

さらに言えば、彼らはいったん願いが叶うと、次はその成功すら手放して進化しています。だから、「一発屋」で終わらず、ずっと成功し続けられるのです。

逆に、なかなか捨てられない人や変われない人は、「ありのままでいいから」と、現実から逃げたり、自分の本音と向き合うことを避けたりする傾向があるように思います。

確かに、スピリチュアルな本やセミナーなどでは、以前から「ありのままの自分でいい」「今の自分をそのまま受け容れよう」というメッセージが伝えられてきました。それも、ひとつの真理ではあります。

しかし、だからといって、自分が変化したり成長したりしなくていいのかというと、そうではありません。率直な話、「ありのままでいいんだよ」では変われないし、成功できないのです。

成功したいなら、「ピュア」になりなさい

私なりに考えてみたのですが、「ありのままでいい」と思っている人は、自分のエネルギーがきれいだと勘違いしているのかもしれません。

でも人間という存在は、けっこう汚れているのです。

むしろ汚れているから、この世で修行して自分を磨くために、生まれてきていると言っていいかもしれません。ピュアなエネルギーであれば、地上に降りる必要はありませんから。

このようにお話しすると「人間って、そんなに汚いんですか!?」と驚かれますが、その通りです。エネルギー的に見ると、皆さんもれなく汚れています。

どれだけ汚いのかと言えば、ジブリ映画「千と千《ち》尋《ひろ》の神隠し」に出てきたクサレ神。あのドロドロに汚れた体で、千の働く銭湯に来た神様くらいだと思って下さい。

びっくりするかもしれませんが、そのくらい汚れているとわかれば、不要なものをさっさと捨てられるのではないでしょうか。

でも、慌てる必要はありません。あなたのペースで捨てるべきものを捨てていけば大丈夫です。また、エネルギーの実践的な浄化法については、３章で多方面からお話ししていきます。まずはこの章で、完捨の法則を学んでいきましょう。

完捨することでも、どんどんエネルギーがきれいになります。そして、人は純粋になっていきます。純粋な人ほど神様は好きなので、エネルギーがピュアになれば神様から愛されます。

神様のエネルギーには、ほぼ不純物がありません。だから、神様と人間が近くなるには、エネルギーを純粋にしていくのが近道なのです。

また、これも見落としがちなことですが、「成功」と「純粋なエネルギー」はくっついていきます。純粋なエネルギーであれば、神様から愛されるだけでなく、よけいな思考やエネルギーに邪魔されることなく、自分の力を集中させられるので成功しやすいのです。

自分の中にいる「内《ない》在《ざい》神《しん》」という神様

さて、いかに、人間がエネルギー的に汚れているかを学んだところで、「衝撃発言」をします。

本当に願いを叶えているのは、神様ではありません。

自分の願いを叶えるのは、自分自身。本来であれば、自分のことは自分で救えるし、自分の夢は自分で叶えられます。そして誰もが例外なく、その力を持っています。

ここは大事なところなので、しっかり聞いて下さい。

なぜそう言えるのかというと、私たちの中には、「内《うち》神《がみ》様」「内在神」と呼ばれる神様が存在しているからです。

聞き慣れない言葉かもしれませんが、シンプルに「自分の中に神様がいるんだな」と考えて下さい。

私たちの言葉や行動によって内在神が目覚め、現実を作っていきます。だから願い事は全部、自分自身が叶えるようになっているのです。

あなたと神様は、本来しっかりつながっている

その内在神が、どのくらいの大きさかというと「針の先」ほどの本当に小さな光です。

でも、その光は強烈な輝きを放っています。圧倒的なまぶしさです。

ドロドロに汚れている私たちのエネルギーによって、内在神の光は埋もれてしまっていますが、汚れが減れば減るほど、その光が強くなり、外側に現れます。

本来であれば、この内在神を通して、神様（外神様ともいいます）はいつでも私たちとつながっています。しっかりつながっています。内神様と外神様とがつながることで、人間に神様のサポートが入るのです。

今成功している人は、意識するしないにかかわらず、自分自身の内在神を通して外側の神様の応援を受け、願いを叶えられたのです。

ところが人間は、自分の中に神様がいることに気づいていません。当然、その神様を通して、外側の神様とつながれることも知りません。神様に言わせれば、「人間の方からそのつながりを断っている」状態なのだそうです。

しかし今、自分たちに内在神があると意識すること、そして、この内在神を通して神様とつながれると知ることがとても重要になってきています。

エネルギーの汚れがきれいになればなるほど、内在神は神様とつながりやすくなります。

あなたの内在神を輝かせて神様とつながっていくためにも、成功するために不要なものや、幸せに生きる新しい自分に合わないものを捨ててしまいましょう。

成功する人は、「許すこと」を知っている人

エネルギーの汚れをとって内在神を輝かせるために、欠かせない考え方があります。それが、「許し」です。神様は、よく「感謝と許しがあれば成功できる」とおっしゃるのですが、私も本当にそうだと思います。

鑑定やカウンセリングでも、何かしらの不運やトラブルに見舞われている人の解決法を神様に聞くと、「許し」という答えが返って来ることが少なくありません。

許すことを知っている人は器が広くなり、何より神様からのバックアップがたくさん来ます。

でも、生きていれば、誰にでも許せない相手の1人や2人いても仕方ない部分もあります。誰かにだまされたり傷つけられたりしたら、腹が立つし許せないものです。「許す」という行為は、私たち人間にとって、かなりハードルが高いかもしれません。

しかし許せるようになると、一気にエネルギーが軽くなり、人生が進み始めます。

1章に登場した元ホームレスのIさんも、父親を許したことで人生が好転しました（25ページ）。交通事故に遭ったシングルマザーのMさんも、実はパワハラをした師匠を許せないと思っていたそうですが、事故後に許すことができ、指導してくれたことに感謝できたそうです（54ページ）。

もしあなたに許せない何かがあったとしたら、一緒に解決の糸口を探っていきましょう。

「許せない人」に、あなたは支配されている

まず「許す」を攻略するために、「許せない状態」の分析から始めます。

許せない人がいたとしたら、それは、相手のエネルギーにとらわれている状態。つまり、相手にロックオンされ続けている状態だと思って下さい。それを別の言葉でいうと、相手に支配されている状態と言っていいでしょう。

中には、許せない相手が何人もいるという方もいますが、そういった方は、何十年

も複数の相手に支配され続けていることになります。これでは成功どころではありません。

私のクライアントにも、子どもの頃に受けた心の傷が癒えず、40代、50代になっても親をうらみ続けている方がいます。

無意識ではあっても、相手にフォーカスして「許さない」「むかつく」というエネルギーを送り続けていると、自分自身が苦しくなってしまいます。そんな葛藤は、これから成功していくための妨げになります。

なぜ、許したいのに、長い間許せないのか。その原因は、はっきりしています。

許せない相手がいる人は、相手に対する「うらみつらみ」をバネにずっと生きてきたので、そのベースがなくなると、自分が崩れてしまうかもしれないという思い込みがあるからです。これは、無意識の中にある思い込みなので、本人は気づきません。

しかし、そのままでは苦しいだけですし、神様からも距離を置かれてしまいます。実は、神様からもっとも距離を置かれるのが、うらみつらみを持った人なのです。

万が一、うらみを糧にして成功できたとしても、神様からそっぽを向かれているので、長続きは難しいはずです。何よりも、心豊かな日々とはほど遠いでしょう。

逃げていい時、逃げてはいけない時

ただし、許すことが大事と言っても、むやみに何でも許してしまうのは禁物です。自分を攻撃したり貶《おとし》めたりする相手、不快にさせる相手からは、自分を守ることが大切です。そんな相手からは逃げたほうがいいし、関係を壊してもいいのです。私もそんな人がもし身近にいたら、ためらうことなく距離を置くようにしています。嫌な相手なのに、無理に好きになろうとしたり気に入られようとしたりすると、自分に負荷がかかり、一緒にいるだけでエネルギーが奪われてしまいます。そのエネルギーをもっと自分のために使いましょう。

また、話は少し横道にそれますが、すべての状況を自分の責任だと捉えて、「しなくていい我慢」をする必要はありません。過剰労働やパワハラ、いじめ、ＤＶなどに遭っている場合は、その状況からなるべく早く脱する方法を考えて下さい。

ご参考までに、逃げた方がいい場合と逃げてはいけない場合の違いをお教えしましょう。自分を傷つけるような相手や環境からは、すぐ逃げるべきです。

しかし、自分自身と向き合うことから逃げてはいけません。自分の生き方が神様のお眼鏡にかなっているか、自分自身に嘘《うそ》をついていないか。現実をしっかり見ていくことが、最終的には、望む状態へと進んでいく近道になります。

もし、自分はどうすればいいのだろうと迷ったら、鏡のワーク（78ページ）を使って、自分の気持ちと向き合ってみて下さい。あなたの中の神様が教えてくれるはずです。あくまでも楽しみながら取り組んで下さいね。

神様視点では、「間違っていること」はひとつもない

では、どうすれば、許せるようになるのかを見ていきましょう。

そもそも私たちが「許せない」と思ってしまうのは、相手や起きた出来事を「善悪」や「正しいか間違っているか」で判断しているからです。

その奥には、「自分は正しい」という思考があります。これが、「許せない」という気持ちを生む大きな原因です。

しかし、神様視点で言えば、「間違っていること」はひとつもありません。

正しいかどうかは、時代や状況、場所によって変わりますし、どんな出来事も理由があって起きています。

また、この世界には、「すべては生まれる前に、自分が計画して来た通りに動いている」という法則があります。ですから、どんな出来事も自分自身の「計画通り」なのです。

ということは、自分に不都合なことや腹立たしいことがあったとしても、それは、自分が決めてきたから、もっと言えば、自分に必要だから起きているのです。そして、すでに見てきたように、どんな状況も成功へのチャンスでしかないのです。

そう思えば、今の状況を受け容れ、許そうと思えるのではないでしょうか。

誰もが傷ついているし、誰かを傷つけている

今は、「あんなに許せない人がいるのに、計画通りなんて！」と受け容れられないかもしれません。しかし、見落としがちな盲点があります。

その「許せないこと」を、実はあなたも誰かにしているかもしれません。

私も含めて人間は、自分が「傷つけられた」「不快な思いをさせられた」と感じることは覚えています。でも、あなた自身が忘れているか気づいていないだけで、誰かにされて嫌だと思ったことは、必ずあなたも、どこかで誰かにやっています。

そうでなければ、その現象が自分に返って来ることはありませんから。

自分がされたことは覚えていても、自分が相手にしたことは忘れている。それが人

間の性質です。要するに、「お互い様」なのです。

「でも、私は今までさんざん傷ついてきたんです」と嘆かれる方もいます。確かに、そうおっしゃる方は、ご苦労をされてきたのかもしれません。

しかし、私たちは皆、傷つきながら生きています。

繰り返しになりますが、傷ついたと思う時は、その分、自分も誰かを傷つけているのです。自分だけが被害者意識を持っているのは、ある意味、傲慢《ごうまん》かもしれません。

傲慢というと、少しシビアに聞こえるかもしれませんね。

でも、被害者意識を持っていたら、成功はできません。成功する過程では、自分の仕事や存在に注目が集まります。すると、自分では最善を尽くしていて、まったく非はなくても、やっかみを受けたり批判されたりする場合があります。

そんな時、「傷ついた」「傷つけられた」と言っていたら、そこから先を目指すのは難しいでしょう。

人間は、傷ついたり傷つけられたりしながら、お互いが磨かれていくもの。「傷ついた」と思うことで自分の言動を顧みて、反省することもできます。そのようにして進んでいける人が、人間の器を広げていけるのです。

成功していくには、どうしても精神的なタフさが必要です。「許せない」「傷ついた」と思いやすい人は、タフさを身につけるチャンスだと思うといいでしょう。

許したかったら、ゆるめればいい

「許し」の構造は学んで頂けたと思いますので、実際に許せるようになるために、今すぐできることをお教えしましょう。

許したかったら、ゆるめればいいのです。

私はよく「許すは、ゆるむですよ」と言うのですが、エネルギーがゆるむと「許す」という行為のハードルが下がります。

おいしいお茶を飲んでボーッとしたり、好きな音楽を聴いたり、お風呂に入ってリラックスしたり、ゆるむ方法はいろいろありますね。そうやって心身ともにゆるむと、それまで許せなかったことも、「まあ、いいか」と思えることも少なくありません。

ゆるめるために、私が一番おすすめしたいのは、「今の自分」を許すことです。

自分を許すと、心も、自分自身が発するエネルギーもゆるみます。すると楽になって、相手を許せないという気持ちも少しずつほどけていきます。

「許せない自分」を許すと、新たなエネルギーが入ってくる

手始めに、「許せない自分」を許してみましょう。

自分を許せれば、人生そのものが楽になります。

私自身も、以前心理学を勉強していた頃に、両親をきらいな自分を許せるようになって生き方が変わりました。

実は、複雑な生い立ちもあって、私は若い頃から両親との間に確執があったのです。しかし心理学を学んで人の本質が理解でき、両親の立場や当時の心模様に思いを馳《は》せられるようになりました。

といっても、両親への思いがすぐ変わるわけではありませんでしたが、そんな自分も受け容れられるようになりました。

自分を許せるようになると、一気に人生が開けます。連動してあらゆるものが許せるようになり、エネルギーもゆるむので、潜在意識に必要な情報が入りやすくなるの

です。これも、成功するための重要なヒントです。

自分が許したらエネルギーもゆるんで、新たなものが入って来る。そして、願いが叶う。そう覚えて下さいね。

がんばっている時は、無理をしている時

ゆるむための秘訣は、まだあります。それは、がんばるのをやめることです。皆さんの相談に乗っていて「ここがネックになっているな」と感じるのが、こんなふうに考えている人が多いことです。

がんばれば、いつか成功できる。こんなにがんばっているんだから、なんとかなる。もっとがんばらなきゃいけない……。

これらはすべて誤解です。「目標に向かって努力すること」と「がんばること」は違います。

特に、「がんばれば、どうにかなる」と思ったり、無意識でそう言ったりしている人は要注意。不毛な努力を重ねてしまう可能性があります。もちろん、夢や目標を叶えるために、努力は必要です。しかし、正しい努力をしている時は手応えがあり、また苦労の中にも楽しさがあるものです。

真面目にコツコツ続ける努力は大事ですが、がんばっていると「真面目ジメジメ」になってしまいます。

そうなると、「こんなにがんばってるのに……」と落ち込んだりイライラしたりしたり、あるいは自己卑下したりしてしまいます。これでは本末転倒です。あくまでも楽しみながら続けていきましょう。

といっても、気持ちがジメジメしてきたとしても、自分を責める必要はありません。人間であれば、誰でも落ち込んだりネガティブになったりすることはあります。

そんな時は、心のバランスが取れていないだけです。「今、気分が落ちたな」と気づいたら、息抜きをしたり気分の上がることをしたりして、バランスを取りながら進んでいきましょう。

がんばっている時は、「我」を張っている時

では、「がんばる」の本質とは何か。その語源を見てみましょう。

「がんばる」の語源は、「我を張る」です。本人はがんばって何かをやっているつもりでも、周囲や神様からすると、「私はこんなにやっているんだ！」と我を張っているのですから、やはりうまくはいきません。一生懸命やればやるほど、空回りになってしまうでしょう。

結局、がんばっている時は、無理をしている時なのです。「もっとがんばらなきゃ」と思う気持ちの裏には、「本当は嫌だけど、しょうがないからやる」という思いが潜んでいるのです。

本来、楽しくないと物事は続きません。あるいは、やっていることが好きでなければ、継続は難しいものです。それでも、自分を律して何かをやろうとすると、「がんばる」という言葉が出てしまうのです。

あなたの作る「ラーメン」は本当においしいのか

　もし、あなたが「今はまだ結果が出ていないけど、がんばれば……」と思っているのであれば、自分の状況を俯瞰《ふかん》する目を持つといいでしょう。

　たとえば、自分では一生懸命工夫しておいしいラーメンを作っているつもりでも、お客さんがおいしいと思ってくれなければ、そのラーメン屋さんは流行《はや》りませんね。

　自分の「ラーメン」は、本当においしいのか。つまり、勝負したいと思っている分野での才能や適性が、自分自身にあるのかどうか。広い視野で、客観的に見極めることが大切です。

　重要なことなので率直に言いますが、この世には、「がんばってもどうにもならないこと」もあります。しかし、たとえそうであったとしても、自分自身の道は、自分で切り開いていけます。

自分がもっとも輝けるポジションが必ずある

あるアイドルグループの元リーダーは、デビュー当時、センターになりたいと「がんばって」いたそうです。しかし同期に先を越されてしまいました。その時、決定的な実力の差を感じたといいます。

ただ、彼女はそこであきらめませんでした。グループに残るには、自分なりの立ち位置が必要だと考え、自分の適性ならリーダーが向いているかもしれないと判断。行動を変え、リーダーシップを発揮するように努力しました。その結果、大人数のグループをまとめるリーダーとなり、卒業するまで独自の存在感を放ちました。

このように、誰にでも「自分がもっとも輝けるポジション」があります。

たとえば、会社員としては自分の強みが生かせなかったとしても、経営者やフリーランスになれば、のびのびと能力を発揮できる人もいます。あるいは、適性に合った他の部署や職種に移ったとたん、頭角を現す人もいます。

成功したければ、無理して「がんばる」のではなく、自分の得意分野や興味、性格を見極めて柔軟に考えて行動するプロセスが欠かせないのです。

がんばらなければ成功できるし、愛される

しかし、いつもがんばっている人に、「そんなにがんばらなくていいですよ」とアドバイスしても、「がんばらない方法がわかりません」とおっしゃいます。

特に日本人は、教育やしつけのせいもあって、がんばらなければ「自分には価値がない」「愛されない」「認められない」と思う傾向が高いので、ここで戸惑う人は多いのです。

「がんばらなければ愛されない」と思っていると、自分の好きでないことにでもがんばってしまいます。すると自分自身が苦しくなるし、続きません。

では、どうすればいいか。まず、がんばらなくても愛されるし、認められるということに気づきましょう。

自分を受け容れ、心と頭を一致させる方法

今は、腑に落ちなくても大丈夫。そう気づくだけでも、前進のための第一歩です。

ここでは、今の自分を受け容れて「がんばらない自分」になるための心理学的アプローチをご紹介しましょう。

「自己受容」という手法です。

言葉は難しそうに聞こえますが、やり方はシンプルです。自分の嫌いなものは「嫌い」、やりたくないことは「やりたくない」と確認し、その気持ちを受け容れていくのです。

単純に思えるかもしれませんが、人は意外とその単純なことができていません。

自分の本音をごまかして、好き嫌いをあいまいにしたり、嫌いなものを好きだと言ったりしがちです。

特に日本人は建前を重視するので、自分の気持ちをスルーしがちです。

また、「いい人」でなければいけないという思い込みが強く、「ノー」と言いたくて

も、その気持ちを飲み込んでしまいます。そうすると、頭で考えていることと本心で思っていることが、どんどん離れていってしまいます。

「これ、嫌い」と言ってみよう

では、どうやって「自己受容」していくか。

自分が嫌だなと思ったことは、「これは嫌だ」「私は、これが嫌いだ」と心の中で確認すればいいのです。

また、その時々の感情に嘘をつかず、「自分は今怒っているんだ」「この状況は不快だ」「これは好きだ」「今は嬉しい」と確認し、その気持ちを受け容れていきます。

その作業を積み重ねていくと、次第に心と頭が一致していくでしょう。

次に、もし可能であれば、少しずつでいいので、その感情を外に向かって表現していきましょう。たとえば、「今ちょっと悲しかった」「これ、あまり好きじゃないんだよね」と言っていくのです。

ただし、やりすぎると、相手を傷つけたり、ただのわがままになったりするので気をつけて下さい。

きっとあなたは大丈夫だと思いますが、念のために言うと、「ありのままでいたいから」と、自分の感情を丸出しにして人と接するのは、相手にとって失礼です。自分の「ありのまま」のために、人に我慢を強いることになるからです。

本当の「ありのまま」とは、自分自身も大切にしながら、理性をもって相手のことを考えながら接することです。

自分の気持ちを受け容れながら、周囲との調和を乱さない範囲、自分に無理のない範囲でゆっくり進んでいきましょう。

思いを言葉にしていけば、自分らしさが輝き出す

とはいえ、自分の素直な気持ちを表現するという、今までやってこなかったことをやるのですから、はじめは勇気がいるかもしれませんね。

でも、慣れてくればスムーズにできるようになります。私も最初はできませんでし

たが、心理学で感情をスルーせず表現することの大切さを学んでから、少しずつ訓練を続けてきました。

そのおかげで、嫌なことは嫌と、さりげなく伝えられるようになりました。

今では、たとえば嫌いな食材が出た時に、「ごめんね、私はこれ好きじゃないから、もしよかったら誰か食べない？」と、自然に言えるようになりました。

言うまでもありませんが、自分の気持ちに嘘をつくと、自分自身が一番よくわかります。そして、心に嘘をつくたびに少しずつ垢《あか》がたまります。そして、心の奥底にある内在神の輝きを埋もれさせてしまうのです。

ですから、自分が今何を感じているかを、丁寧に見ていって下さい。

そこで感じた思いを少しずつ言葉にしていく練習をすると、どんな場面でも雰囲気をそこなわず、また、自分の気持ちも大切にできる。そんなふるまいができるようになります。そして自分自身も好きになり、神様ともより仲良くなっていけるでしょう。

第3章

うまくいっている人が続けている開運習慣

日本には、強力＆お手軽な開運作法がある

実は、人間力も成功する力も、日常生活でちょっとしたことを心がけるだけで磨かれていきます。

むしろ、日常こそ「経験」と「継続」のチャンスです。

特に、日本人の生活スタイルや伝統の中には、人間力や開運力を上げるための習慣がたくさんあります。それを見直していくと、ふだんの生活の中で、成功する自分へと変化していくことができます。

3章では、神様から教えてもらった、日本ならではの習慣を見直すところから始めていきましょう。

日本人が「当たり前」にやってきた開運作法の筆頭が、「お辞儀」と「会釈《えしゃく》」です。

たとえば、挨拶する時やお礼を言う時、私たちは何気なくお辞儀をしますね。また、

隣の席に座る時や道を譲ってもらった時に、軽く頭を下げて会釈をする習慣もあります。

これは、相手に対して敬意を払っていることを体で現す礼儀作法です。

人間がお互いに礼を尽くすと、神様はとても喜ばれます。そうやって、私たちがお辞儀や会釈をするたびに、大黒様が小槌《こづち》を振って福を授けてくれるように、いい運がどんどん舞い込んでくると思って下さい。

陰陽のバランスを取り、運も上げる「合掌」の不思議

また、両手を合わせて合掌するだけでも、開運につながります。

右手と左手からは、それぞれ陰と陽のエネルギーが出ています。エネルギーは、右手（陰）から出て左手（陽）から入るので、合掌すると陰陽のエネルギーがひとつにあわさり、体と心のバランスが取れて、運もグッと上がるのです。

神社や神棚、仏壇の前で手を合わせても、もちろんいいのですが、今自分がいる場

所で合掌するだけでもＯＫです。

会釈やお辞儀をされて嫌な気持ちになったり、お礼の気持ちとして手を合わせられたりして不快になる人はいないはずですが、それは神様も同じです。ちょっとした動作で、自分も嬉しいし、相手も嬉しくなります。そこにいいエネルギーが生まれれば、その人を取り巻く運気も自然によくなるのです。


お辞儀や合掌は、日本人にとって「当たり前」のことではあります。だから、それで成功できるのかと、拍子抜けしているかもしれません。でも、親切や思いやりと同じで、人間は、この「当たり前」がなかなかできないものです。

この章では、そんな「当たり前」のことも多く紹介していきますが、「当たり前」だからといっておろそかにせず、地道にやっていって下さい。

すると、人間力だけでなく、直感力や判断力が上がります。時には、見えない存在や高次元のエネルギーを感じ取る能力やヒーリング能力も開花することがあります。

今はまだ半信半疑かもしれませんが、どれかひとつでもいいので、これからお伝えする習慣を続けてみると、気持ちや運気の変化を実感して頂けるでしょう。

お風呂は、日本が誇る最高の開運タイム

日本人の大好きなお風呂も、運を上げる絶好の機会です。

水にはエネルギーを浄化する働きがあり、お風呂に入るのは、神道で行われる禊《みそ》ぎと同じ作用があるのです。エネルギーの禊ぎは運気アップにつながるので、私たち日本人は毎日開運しているようなもの。日本では普通の習慣とはいえ、すごいことですね。

湯船にゆっくりつかって汗を出すと、さらに開運効果が高まります。半身浴で汗をたっぷりかくのもおすすめです。

また、湯船に日本酒（清酒。できれば純米酒）や粗塩（天然塩）を入れると浄化作用が高まり、さらに運気が上がります。両方入れてもいいですし、どちらか片方だけでもＯＫです。その日の感覚で決めて下さい。この２つが入ったお風呂に毎日入り続けるだけで古いエネルギーが浄《きよ》められていくので、目に見えて日常がスムーズに動き

出すはずです。

神に捧《ささ》げる神聖なお酒「日本酒」

日本酒は、昔から神様に捧げられてきた大切なお酒です。実際に、神様もお酒が大好きです。原料であるお米も、日本人にとって神聖なものであり、お酒と同じように神様への供物となってきました。

湯船に入れる量は好みで構いませんが、1カップ（200ミリリットル）を目安にするといいでしょう。人混みで疲れたり仕事が忙しかったりして、「ちょっと調子が悪いな」という時は、量を増やすと邪気払いになります。

種類を問わず、お酒自体に浄化作用がありますから、時には、赤ワインを入れるのも変化が楽しめます。紫のブドウには浄化の力が宿ると言われ、風水でもブドウのモチーフが用いられています。この場合、入れる量はお好みで構いません。

また、ビール風呂もおすすめです。ビールは炭酸と同じ作用があり、発汗効果も期待できます。私は、500ミリリットル（ロング缶1本）入れています。

飲み過ぎは禁物ですが、湯船につかりながら少しお酒を頂くと、心も体もゆるんでリラックスできますよ。

万能な「塩」の浄化力

粗塩を入れる場合は、10グラム（小さじ2杯）程度で十分です。

塩の浄化力は非常に高く、昔から体や空間を清めたり、邪気から場を守る結界を張ったりするために使われてきました。

私も常に持ち歩き、仕事やプライベートのさまざまな場面で、お祓《はら》いや浄化に使っています。邪気を感じる場所やよからぬ存在がいる場所に撒《ま》くと、サッと場が浄められて便利です。

また、エネルギーの雑多な盛り場など邪気が多いところで視界が曇ることがあるのですが、そんな時にひと口なめると、一瞬で視界がひらけるので助かっています。塩は万能ですから、ぜひいろいろな場面で活用して下さい。

さらに、お風呂で浄化&開運するために

浴室で簡単にできるエネルギー浄化法をお教えしましょう。

お風呂に入り、粗塩をひとつまみ頭頂部に載せます。次に、頭頂部からエネルギーが入り、渦《うず》を描きながら、体の中を降りていくのをイメージします。渦を巻く方向は左巻きです。

それだけで、不要なエネルギーが浄化され、いい「気」が体に入っていきます。十分に浄化されたと感じたら、頭からシャワーを浴びて塩を洗い流しましょう。

もっと手軽に浄化したい場合は、お風呂の中で、手首や足首、膝、肘、首など、体中の関節をグルグル回して下さい。

関節は、邪気やネガティブなエネルギーなどが溜《た》まりやすいところです。お風呂の中で関節を回すことで、不要なエネルギーがすべて抜けていきます。回す方向や回数は自由ですので、自分の感覚に従ってやってみましょう。

湯船で思い切り邪気を浄化しても、同じお風呂のお湯に5人までは入れますので、

安心して「毒出し」をして下さい。

時間がない時は、シャワーを浴びるだけでも、ネガティブなエネルギーを払い落とせます。日本には「水に流す」という言葉がありますが、その言葉通り、水はすべてをきれいに洗い流してくれるのです。滝行をしていると思ってシャワーを浴びると、邪気が洗い流され、気分がパッと変わるでしょう。

日中すばやく浄化したい時には、洗面所で手を洗うだけでも、負のエネルギーが手先から出ていってくれます。その時は、ネガティブなエネルギーが指先から出ていくのをイメージしながら手洗いしてみて下さい。

日本語は、強力な開運力を持っている

日本人は、まだまだ貴重な財産を持っています。それが、私たちがふだん話している「日本語」です。

現代でも、日本人は「言霊《ことだま》」を大切にしますが、古代から日本語の音には強い霊力があるとされてきました。そして、五十音のひとつひとつに大きな力が秘められていると考えられてきました。

実際に、言葉遣いは運気に大きく作用します。「運を変えたいなら、まず言葉を変えろ」とよく言われますが、言葉の大切さはいくら言っても言い尽くせないくらいです。

言葉に気を配るだけで、自分を取り巻くエネルギーが変わるので、私も時にはスタッフに煙たがられるくらい、日常使う言葉に気をつけるよう話しています。

なぜそこまで言うのかというと、自分の発する言葉は、それを聞く相手はもちろん、耳から直接脳に入って自分自身にも影響を与えるからです。

当然ですが、頭の中で考える言葉も、脳にストレートに届きます。脳の働きによって、現実創造や引き寄せが起きていくので、その脳に影響を与える言葉は、とても重要なのです。

日本語の最高峰は「ありがとうございます」

では、日本語の中で「最高峰」とも言える言葉は何でしょうか？

それは、「ありがとうございます」です。決して「ありがとう」でも「ありがとうございました」でもないので、気をつけて下さい。

なぜ「ございます」まで言うことが大事なのでしょう。

それは、「す」という言葉の響きに、重要な意味があるからです。日本に古くから伝承されている言語学では、「す」には宇宙に還《かえ》る働きがあると言われています。最後に「す」と発することで、私たちの発した感謝の思いが宇宙にいったん還り、循環していくのだそうです。

もちろん「ありがとう」でも「ありがとうございました」でも感謝は伝わり、いいエネルギーが生まれます。しかし、成功を目指すのであれば、「す」まできちんと言いましょう。神様から教えてもらって以来、私も心がけていますが、いいエネルギーを宇宙に発信しているという実感があり、気持ちいいですよ。

「すみません」「お疲れ様」は、運を下げるNGワード

その一方で、なるべく使わないようにしたほうがいい言葉もあります。神様から教えてもらった言葉を2つ紹介します。

まずひとつは、「すみません」です。

私たちは、日々何気なく「すみません」と言ってしまいますが、その真の意味は「住みません」。つまり、「私はここにいません」という意味です。「すみません」とか「すいません」と言うたびに、「私、関係ないです。ここにいませんから」と言っていることになるのです。

先ほどお話しした通り、日本語には言葉のエネルギー（言霊）がありますから、「す

みません」を連発しがちな人は、エネルギーが「ここにあらず」の状態になってしまうかもしれません。

お礼代わりに、つい「すみません」と言ってしまうクセがある人は、「ありがとうございます」に変えましょう。それだけで運気は上向きます。どうしても「すみません」と言わなければならない場面では、「申し訳ございません」「ごめんなさい」に変えるといいでしょう。

もうひとつのＮＧワードが、「お疲れ様」です。

これも、私たちが毎日のように使う言葉ですね。しかしこの言葉は、文字通り「憑《つ》かれている」という意味なので、エネルギーが下がってしまいます。もちろん、自分自身にもストレートに届きます。

本当であれば「ご活躍様」とか「今日もよく働いて活躍しましたね」などと言えればいいのですが、さすがにそれは難しいかもしれません。ですから、職場では「お疲れ様でした」と声をかけて、職場を出たら「今日もよく働いたね」「ご活躍様」と自分に言ってあげましょう。

お金の器を大きくしたいなら、本を読みなさい

さて次は、日本語によって、手軽に金運を上げる習慣をお教えしましょう。

「お金の器を大きくする方法は？」と尋ねられて、私が必ずお伝えするのが「本を読んで下さい」というアドバイスです。

すると、たいてい腑に落ちないといった顔をされるのですが、あなたの周りにいる成功している人を思い浮かべてみて下さい。

目覚ましい活躍をしている人は、熱心な読書家の人が多いと思いませんか？

読書ほど、人の成長に役立つことはありません。声を大にしておすすめしたい成功&開運法です。

なぜ、本とお金が関係あるかと言えば、読書が「人の器」を広げるのに役立つからです。その人の器は、お金の器と比例します。そして、どれだけ大きなお金の器を持っ

ているかで、お財布に入ってくるお金が変わってきます。すでにお伝えした通り、人としての器は、「経験」と「継続」で広げられます。ですから本来であれば、自分自身がさまざまな経験を重ねていけば、人間の器は自然に大きくなります。しかし、1人の人間ができる体験にはどうしても限りがありますね。そこで、読書が役立つのです。

文学作品であれ、実用書やビジネス本であれ、本には、書いた人の人生や叡智《えいち》が詰まっています。

本を読めば、著者の経験したことが追体験できるのですから、1冊読むごとに人生の「経験値」は高まっていくというわけです。

もちろん、講演会に参加したり、成功している人から直接話を聴いたりすることでも経験値は上がります。また、身近な年長者から人生経験を聴いたり、周囲の人たちと何気ないよもやま話をしたりするだけでも、器は広がっていきます。

聴くという行為にコツはありません。ただ、興味を持って相手の話を聴くだけで、さまざまな情報がインプットされ、蓄積されます。しかし本であれば、歴史上の人物や日常では会う機会のない人の情報も取り放題なのです。

読書後の実践が早いほど運が上がる

読書で開運するコツは、本で学んだ情報をすぐにやってみることです。難しく考えず、「これをやってみようかな」と思えることから気軽に実行すればいいだけです。すると、成長の速度が上がります。また、本の内容や聞いた話、自分自身の体験談を話すことでも、器は広がっていきます。

器を広げるとは、いかに、いい情報やエネルギーをどんどん入れて、不要なものや捨てるべきものを出すか。学んだことをどれだけ実践していくか。それも、大きな決め手となります。

そして、器が広がれば当然神様とつながりやすくなって、神様からのエネルギーがどんどん入り、運も上がる。こういうしくみです。

「本を読むのが嫌い」「読書は苦手」という人も、いらっしゃるかもしれませんね。でも、それを理由にあきらめたら、器を広げるチャンスを逃してしまいます。

1冊の本に出会って人生が変わったという方が時々いらっしゃいますが、本は、本当に人生を変える力を持っています。最近は、本の音声配信サービスもあるので、読むのが苦手な方はそういったものを上手に活用するのもいいでしょう。

「紙」の本は、「神」である

ただし、やはりベストなのは、紙の本を読むことです。

なぜなら、紙でできている本そのものに、エネルギーがあるからです。

昔から、紙は「神」だと言われてきたのをご存じでしょうか。実際に、紙は神様に通じるものであり、「書く」という行為は、神様に誓いを立てることそのものです。

ということは、本の著者はすべて、神への誓いを読者に届けているわけです。その意味においても、本には素晴らしいエネルギーが込められています。


ここで、紙の本ならではの面白い「読み方」をご紹介しましょう。

「この本、好きだなあ。でも読む時間がないなあ」「手っ取り早く、この本のエネルギーをもらいたいな（感じたいな）」という時に、本を手に持って、親指と人差し指で綴《と》じていない方を挟みます。そして、パラパラ漫画を見る要領で、少しずつ指をずらしながらバラバラとページをめくっていくのです。

何度か繰り返していると、それだけで、その本が発するエネルギーがページの間から出てくるのを感じられるでしょう。

私はこの方法を使って、本のエネルギーをまず「読んで」みますが、「これはヒットするな」という本や良質な情報が書いてある本は、その時点でわかります。

日本の文学作品が人間力を上げる

では、どのような本を選べばいいでしょうか。

基本的には、興味のあるジャンルや好きな作家の本でいいのですが、私の「推薦図書」は、日本の文学作品。それも、川端康成や太宰治、夏目漱石の作品など、明治から昭和前半に出た名作群です。

当時出版されたものには文学性の高い作品がたくさんあるので、ぜひ「これは面白そうだ」と思うものを探してみましょう。

日本文学なんて敷居が高いという人は、試しに冒頭だけでも読んでみて下さい。日本語の美しさを再発見できるはずです。

なぜ文学作品を薦めるのかというと、感性や想像力が豊かになるから。その結果、人としての器が広がるからです。

日本語には優れた力があるとお話ししましたが、その表現はとても多彩です。

たとえば、「赤」という色を表すにも、「真紅」「真っ赤」「緋《ひ》色」「紅色」など、実にさまざまな呼び方があります。他国語に訳せないほど細やかなニュアンスをもつ日本語を、私たちは自在に話しているのですから、もともと豊かな情緒や感性があるのです。文学作品に触れると、さらにその情緒が磨かれ、人間としての深みが出てきます。

また、後世に残る作品は、やはり高いエネルギーを持っています。その作品に込められた高いエネルギーに触れれば、自分自身もエネルギーが上がります。

実は、運が上がるとは、エネルギーが上がるということ。だから、エネルギーの高い作品に触れていくことが大事なのです。

文学は難しそうと思う方は、名作と呼ばれる漫画、あるいは、名文や名セリフを集めたアンソロジーから入るのもいいでしょう。

必ず運がよくなる本の選び方

実際に書店で本を選ぶコツは、なんといっても直感を働かせることです。

自分には直感なんてないと思う人も、本屋さんで何となく気になる本、目に留まった本を買ったら、「当たり」だったという経験があるのではないでしょうか。

エネルギーが高い本や自分が読むべき本は、パッと目に飛び込んでくるものです。あるいはその本だけ、棚で光っているように見える場合もあります。

誰にでも直感力があるので、「これかな？」と思ったら、その感覚を大事にして下さい。経験上、一度手にとって「やっぱり違うかな」と迷って棚に戻した本は、たいてい買ったほうがいいでしょう。

なぜなら、最初に来た直感がもっとも正しいからです。その後、思考が入ることで直感が打ち消され、人は正しい選択ができなくなるのです。ぜひ、自分の直感を信頼して下さい。

人生の「お守り」になる本と出会うには

もちろん、買ってはみたけれど失敗だったというケースもあるかもしれません。

しかしそれは、「お試し」のようなもので、ひとつの訓練だと思って下さい。

球技でも車の運転でも、最初からうまくできる人はいませんね。誰もが少しずつ練習を重ねて、上手にゲームや運転ができるようになっていきます。当然ですが、練習しなければ、いつまでたっても上達しません。

本選びも同じです。直感を信じて買い続けるうちに精度が上がり、その時の自分に必要な本を選べるようになるでしょう。

ネット書店で買う際には、本を手に取ることができないので、表紙とレビューを見てピンと来た本を選びましょう。表紙は本のエネルギーを表す「顔」ですから、表紙を見ればたいてい直感的にわかるはずです。

そうやって本を読んでいくと、そのうちあなたの「お守り」になるような本と出会えます。何度も読みたいと思える本、大きな影響を受けた本は、人生を守るお守りの役割を果たすのです。

すでに、そんな本があるという方もいらっしゃるかもしれませんね。そのような本は、一生の財産であり、パートナーだと言えるでしょう。（もちろん、この本も多くの方のお守りになれるよう、エネルギーを込めて書かせて頂いています。）

日本語の歌が持つすごい開運力

どうでしょう。私たちが話している言葉の素晴らしさに気づいて頂けたでしょうか？その力を使う方法は、まだまだあります。

日本語の歌もとてもパワフルです。ただでさえ強力な言葉を、メロディ（音）に乗せて発するのですから、より強い力を持つのは、当然といえば当然ですね。

特に、ふだん日本語に触れていない海外の人には、その影響がはっきり現れるようです。

ハワイに住むアメリカ人の友人は、日本人の奥さんに教えてもらい、You Tubeで日本語の歌を聴き始めたら、いつの間にか、長年悩んでいた五十肩がすっかり治ったとか。これはすごいと、現地の友人を集めて日本語の歌を聴く会を催したところ、膝や腰の痛みが消えたり、体調不良が改善したりした人が続出したとのことでした。

不思議な話ですが、時には、こういったことも起こり得るほどの力を、日本語はもっていると私は思います。

あなたも今後、日本語の歌を聴く時には、高いエネルギーを浴びるつもりで耳を傾けてみましょう。基本的には、気持ちが明るくなる歌や元気の出る歌がおすすめですが、好きな歌であれば何でも大丈夫です。（ただし、昭和の演歌は、貧しさのエネルギーに同調する曲が多いので例外です。）

特に、お気に入りのアーティストのライブは、「好き」というエネルギーが会場にあふれるので、歌の力との相乗作用によって、開運効果がものすごく上がります。

エネルギーの浄化とチャクラ活性化につながるカラオケ

自分自身で歌うのも、運を上げるには効果的です。

あなたにも、カラオケで思い切り歌った後に、気分がすっきりした経験があるかもしれません。それはエネルギーが浄化され、淀《よど》んだ気の禊ぎができたからです。古いエネルギーがリセットされると、自然に運がよくなります。

また歌うと、すべてのチャクラが開くという作用もあります。だから、カラオケに行くとパワーが出て、はつらつとしてくるのです。

歌は特に、表現力に関係する第5チャクラにいい影響があります。ですから、仕事や趣味などでアウトプットのクオリティを高めたい人は、カラオケで思い切り歌う習慣をつけるといいでしょう。

また、「今日は疲れたな」「最近停滞しているな」という時には、カラオケに行くと気分もエネルギーも復活するでしょう。

私自身も音楽が大好きなので、ボイストレーニングやカラオケに行ったり、音楽イベントを主催したりしています。

ボイストレーニングは、歌の練習というよりも、チャクラや身体エネルギーの活性化が大きな目的です。実際、声を出しているとチャクラが開くだけでなく、細胞が生まれ変わっていくのを感じます。

また、トレーニングを続けていると、物事がうまく運ぶようになります。それが何を意味するのかと言えば、神様から応援されているということです。

音楽の力で、落ち込んだ気分をなぐさめ、日々明るくパワフルに過ごしていれば、神様に注目されます。楽しんでいる人は輝いているので、神様の目に留まりやすいのです。そして楽しんで輝くために、歌うことや音楽を楽しむことは、最適な方法なのです。

神様も音楽が大好きなので、私は時折、神社で音楽の奉納イベントを開催します。すると必ず、そこにいらっしゃる神様たちが、演奏や歌を聴きに集まってきて下さいます。

イベントの様子を動画撮影していると、誰もいないところに、いくつもの顔認証マークが出るのです。「あ、神様が音楽を聴きにいらっしゃったな」といつも思います。あなたが楽しく歌っていると、神様が聴きにいらっしゃるかもしれませんよ。

感情を安定させて、人間力を上げる心の習慣

人間力を上げるため、神様に応援されるために日々実践できるアプローチを紹介してきました。「これならできそう」ということから、ぜひ、毎日楽しく続けていって下さい。ここからは、自分自身の内面、感情のバランスを整える心の習慣についてお話ししていきましょう。

まず、感情のアップダウンに翻弄されない考え方のヒントを3つご紹介します。

ネガティブになりかけたら、「地獄の一丁目」で引き返す

人間であれば、時折ネガティブな気持ちになるのは当たり前のことです。

しかし、もし心がマイナスの方向に行きかけても、「地獄の一丁目」で引き返せれば、問題ありません。

ところが、気をつけていないと、時には「地獄の十丁目」まで行ってしまう人もいます。たとえば、自分の不遇を人や状況のせいにしてうらみや怒りを持ち続ける。「○○は許せない」と頭の中でいつまでもグルグルと考え続ける。

これは完全に、地獄の十丁目でウロウロしているのと同じです。成功に向かって進んでいくどころではありません。

「地獄」という言葉は強烈ですね。でも、自分以外のものに責任を転嫁してうらんだり、人に怒りを感じたりした時点で、「地獄」に一歩足を踏み入れていると思って下さい。

そこでハッと気づいて、ニュートラルな状態に戻ろうと思えればセーフです。

自分を受け容れることができていて感情のバランスが取れる人は、起きている出来事を人のせいにはしません。また、自分が何を感じているのかを、客観的に見ることができます。

第三者の目線で自分を見て、「あ、今自分は怒っているな」とわかれば、その時点で一歩戻れます。そんな視点が持てるように意識していきましょう。

すると、たとえ地獄の扉を開いたとしても、一丁目で帰ってこられます。そしてゆくゆくは、その扉を叩《たた》く前に引き返せるようになります。そんな自分を目指して、負の感情に心が支配されそうになったら、「今、地獄の何丁目かな？」と考える習慣をつけるといいでしょう。

ドラマチックに感情が動く人に振り回されない

あなたの周りに、感情の起伏が激しい人や心のブレが大きい人はいませんか？
いつもドラマのような出来事が起きていて、それにあわせて気分が大きくアップダウンしているような人です。

周囲から見ると、大変そうだなと思いますが、そういった人はそんな状況がかっこいいしロマンチックだと感じているものです。「揺れている自分」が好きな場合も多いのです。それぞれの生き方ですから、人に迷惑をかけないのであれば問題ありません。

ただし、そんな人が身近にいる場合は、気をつけないといけません。自分も振り回されてしまいます。もし、思い当たる人がいる場合は、適切な距離を取るのが賢明です。

また万が一、あなた自身にそういう傾向があれば、冷静に自分を見るようにしましょう。「自分はこの状況が好きなんだな」とわかっていれば、まずは問題ないと思います。ただし、その自覚がないと、いつまでも感情に振り回されるということは心に留めておいて下さい。

自分自身の感情の波を把握する

感情には、必ず波があるものです。一度上がったテンションは、いつか必ず落ちる時が来ます。このことも覚えておくといいでしょう。

そうすると、たとえ気分が落ち込んでも、焦ったり自己卑下したりせず、「今の気分は、波の下の部分だな。いずれ上がるな」と思えます。

また、あなただけでなく、どんな人の感情も波のようにアップダウンしているものですが、その人のキャラクターによって、上下している位置は違います。

たとえば、感情的にニュートラルな状態が真ん中にあるとすれば、テンション高めのポジティブな人は、ニュートラルな状態より上の部分で波が上下しています。

一方、日頃から落ち着いている人やネガティブに考えがちな人は、ニュートラルな状態より下の方で波を描いています。このようにイメージしてみると、身近な人はもとより、自分自身の状態も淡々と見られるようになるはずです。

ただし、波の位置がニュートラルな状態より高いか低いかは、関係ありません。あくまでも、人間の感情の持つ性質として押さえておきましょう。

心を整える考え方や習慣は、自分自身や周囲の人とスムーズにつきあうために役立ちます。また、やるべきことに集中する助けにもなります。

心の中が散らかっていたら、成功はできません。自分が望む結果を出すためには、一定の方向にエネルギーを集中させる必要があるのです。

人間関係のストレスを減らし、よりスピード感をもって行動していくために、心を散らかさない工夫をしていきましょう。

「出さない手紙」が、負の感情から救ってくれる

さて、エネルギーの浄化法から心の整え方まで、さまざまな実践法を見てきましたね。これらの情報を生かしていけば、ネガティブな状況が訪れても、あなたなりに切り抜けていけるようになるでしょう。

しかし、頭ではわかっていても、心の方は、怒りや悲しみからなかなか抜け出せない時があるものです。そんなネガティブな思いを捨てるための方法があります。

まずお教えしたいのが、対人関係で悩んだ時に役立つ「出さない手紙」です。


たとえば、こんな経験はありませんか?

意地悪な言葉を言われたのに、とっさに言い返せなかった。

自分の気持ちを伝えたいのに、本音を言ったら人間関係が崩れてしまう。

今は、自分の気持ちを相手にうまく伝える自信がない。

言いたいことがあるのに言えないでいると、その気持ちはいつまでも残り、繰り返し頭の中で反芻《はんすう》されて堂々巡りになってしまいます。そこで、いったん手紙という形でアウトプットしてみるのです。

便箋でもメモ用紙でも、失敗したコピーの裏面でもいいので、相手へ言いたいことや本当に感じていることを、手紙という形で正直に書いていきます。相手を忖度《そんたく》することなく、自分の感情に素直になって、本音をストレートに書きましょう。

すると、心のなかでもやもやした気持ちがすっきりしてきます。

それだけでなく、書くことで自分を客観的に見られるので、それまで漠然と考えていたことも整理されるというメリットもあります。時には、問題の解決策が見つかるかもしれません。

できれば、太陽の光が射《さ》す明るい場所で書くのがベストです。その時、便箋にも光が当たると、その瞬間に書かれた思いを浄化してくれるので、さらにいいでしょう。

手紙を書くのは、昼間限定である理由

心の中にあるものをすべて出し終わったら、その手紙は処分してしまいます。

不動明王やお大師様（空海）を祭るお寺では、御札やお守りを入れると定期的に「お焚き上げ」をしてくれる箱を設置しているところがあります。もし近所にそういったお寺があれば持っていくといいでしょう。

もしなければ、塩をひとつまみパラパラと振ってシュレッダーにかけるか破って、ゴミと一緒に捨てて下さい。

ただし、手紙を書くのは昼間限定にしましょう。夜に書くと、ネガティブな思いに反応して、人から飛んでくる生霊（想念）が集まってくる可能性がありますから。

生霊というと、おどろおどろしいイメージがありますが、平たく言えば「他人の想念」で、実際に存在します。

むやみに怖れることはありませんが、自分では気づかないのに、ヒュッとついてしまうことがあるので注意して下さい。特に今は、時代の変化に伴ってエネルギーが変わり、想念が飛びやすい状態になっているので気をつけるに越したことはありません。

人の想念エネルギー「生霊」対策も忘れずに

生霊については誤解されている部分も多いようですから、ここで寄り道して少しだけ補足しましょう。

生霊といってもネガティブな想念ばかりではなく、悪さをしない生霊もいます。もちろん、強い想念を持ったやっかいな生霊も存在しますが、中には、害のないユーモラスな生霊もいるのです。

私のような霊能者は、邪悪な念を持った生霊と対峙《たいじ》しなければならない場面もありますが、むしろ日常的に見かけるのは、あっさりした生霊のほうが多いかもしれません。

普通に暮らしていれば、怖い生霊に遭遇することはまずないので安心して下さい。

以前、あるイベント会場で後ろの席に座っていると、前方の参加者の間をヒョイヒョイと白いエネルギー体が移動しているのが見えました。

よく見てみると、それはおたまじゃくしのような形をしていて、人から人へと飛び移っている生霊で、席の間を飛び回る様子は結構《けっこう》楽しい光景でした。そういった生霊は人に悪さをしないので、気にする必要はありません。

生霊は「飛ばさない、つけない」が大事

ちなみに、人に害を及ぼさない生霊は白くフワッとしています。一方、ネガティブな想念の生霊は黒く、どんよりしたエネルギーを発しています。

しかし、ネガティブな生霊であっても、自分自身がその生霊と同調するエネルギーを出していなければとりつくことはありません。

たとえば、人に対してうらみや憎しみを持ち続けている。怒りっぽくて、いつもカリカリしている。悲観的なことばかり考えている。こんなことがなければ大丈夫でしょう。

万が一、生霊がついた場合でも、日本酒や塩入りのお風呂に入ればサッと離れますし、塩を少しなめるだけでもＯＫです。そして、もっとも有効な生霊対策は、「生霊は怖い」と思わないことです。

ただ、見えない世界のエネルギーが現実に作用するのは事実ですから、心身ともに健康を保ちながら成功していくために、知識として押さえておくことは大事です。

自分では意識していなくても、１人の人に対する想念が強すぎると、そのエネルギーが生霊となって飛んでいくこともあります。その分、エネルギーが分散するので、成功へのスピードも落ちてしまいます。「生霊は飛ばさない、つけない」を意識して、エネルギーがダウンしないよう対策を取りましょう。

神社や海では、ネガティブな思いを捨てていい

自分の中にあるイライラやモヤモヤを捨てるために、ある場所へ行って助けてもらう方法もあります。

それは、どこだと思いますか？　答えは、神社です。

神社にお参りして、「こんな思いは、もう捨てます」「私は、○○（自分が捨てたい思い）を手放します」と宣言すると、神様は「そうか、わかった」と、その思いを手放すための出来事や人のご縁をつないでくれます。

2章でお話ししたように、神様はうらみつらみなどの思いが嫌いです。相当嫌いです。だから、それを手放したいと決めた人は応援してくれるのです。

古典的な方法ですが、捨ててしまいたい思いを海に向かって叫ぶと、海水が浄化してくれます。昔のドラマのように、「大嫌い！」でも「バカヤロー」でもいいので、砂

浜から思いのたけをぶつけるのです。

海の浄化力は素晴らしいので、遠慮は要りません。恥ずかしいかもしれませんが、実際に声を出すことが大切です。声に感情のエネルギーが乗り、それが水に転写されて、清められるのです。人目の気にならない場所でやってみると、海の偉大さを感じるでしょう。

エネルギーを解き放った後はさっぱりして本来の自分に戻り、また進んでいけるはずです。

人の悩みは眠ると半減する

それでも、ネガティブな気持ちがあってお手上げだという時は、もう悩む必要はありません。さっさと寝てしまいましょう。人間の悩みは、寝ると半減しますから。

心身の健康を保つために睡眠が大事だということはよく知られていますが、スピリチュアルな意味でも、寝ることには、とても意味があります。寝ている間に、今の自分に必要な情報を宇宙からインストールできるのです。

残念ながら、翌日までその情報を覚えていることはできません。しかし、確実にインプットはされているので、ふとした拍子にひらめきという形で思い出すことができるでしょう。

成功力は、睡眠前と起床時にアップできる

眠る前と起きた直後は、潜在意識と顕在意識の境目があいまいになっています。ですから、潜在意識にアプローチして成功力を上げる絶好の機会です。大いに活用しましょう。

ここで、人間の意識構造を整理してみましょう。

私たちがものを考えたり感じたりしている顕在意識の奥には、潜在意識があります。潜在意識は、その人の生き方や人生に大きな影響を与えます。

そのさらに奥には、超意識と呼ばれる部分があり、内在神はここに存在します。超意識は潜在意識とつながっていますが、同時に、集合無意識や神様の次元ともつながっています。ですから、潜在意識に願い事が届けば、内在神に届き、自動的に神様にも通じて、願いが叶うというわけです。

ただし、日中は顕在意識と潜在意識には壁があり、その願い事がブロックされてし

まいます。そのため内在神に届かず、願いが叶わないというしくみになっているのです。

しかし、その境目がゆるむ起床時や睡眠前の時間を利用すれば、そのブロックを外せます。すると、内在神に願い事がすんなり入り、願い事も叶うのです。

「ブロックを外す」と言うと、専門家の力が必要だと思う人も多いのですが、自分でもできます。ブロックとは、わかりやすく言えば「思い込み」のことなので、単に思い込みを外していけばいいのです。

たとえば、仕事や人間関係がうまくいかないと思ったとしたら、「うまくいかない」と感じたこと自体が思い込みであり、ブロックです。本来であれば、うまくいかないはずがありませんから。

「叶った」という思いが内在神に届けば、現実が変わる

さっそく、ブロックを外して潜在意識に願いを届ける方法をお教えします。

朝起きた時、布団の中であなたの願いを思い浮かべ、「叶った」と10回唱えて下さい。

そうすると、願いを叶えるのを妨げているブロックが外れます。

起床時は、顕在意識がぼんやりしていますから、先ほどお話ししたように、潜在意識との間に隙間が生まれ、自分の発した言葉がストレートに届きます。（起床時でなくても、ボーッとしているときは意識がゆるんでいるので、全体的につながりやすくなっています。）

「叶った」という言葉が潜在意識に届くと、超意識にある内在神にも届きます。

自分自身も自然に願いが叶う方向に行動し始め、同時に、物事が動いていくのです。

劇的に現実が変化していきますから、楽しみにしていて下さい。


ついでに言えば、願いをメモ帳に書いたり、いつも目につく場所に貼っておいたりするといいという話がありますが、本当はそんなことをしなくていいのです。

わざわざ書いたり見たりしなくても、いつでも願いをパッと言えるくらい思い続けていれば、自然に自分の潜在意識に入っていきますよ。

「松《しょう》果《か》体《たい》」の機能を高め、成功力を上げる簡単エクササイズ

睡眠の前後にできる成功力アップの習慣も、あわせてご紹介しましょう。

人の直感力やスピリチュアルな力（霊的能力）を司る「松果体」の機能を高める方法です。

松果体とは、脳の中央部にある1センチ弱ほどの器官で、幸せホルモンと呼ばれるセロトニンや睡眠に関係するメラトニンを分泌します。それだけではなく、松果体の機能が高まると、高次元とつながりやすくなると言われ、「第三の目」とも呼ばれています。

松果体の機能が高くなると、現実生活でどんなことが変わるのか。

まずよく眠れるようになり心身が安定するのはもちろん、日常的に直感が強くなり、成功していくために必要な能力が高まります。エネルギーに対する感性が高まるので、時には、見えない存在が見えるようになる人もいます。

松果体は、「耳の後ろ」とつながっている

エクササイズのやり方は、とてもシンプル。親指で「耳の後ろ」を指で押せばいいのです。

①両手で左右両方から頭をつかみます。その時、親指を両耳の真後ろにあて、それ以外の指は、頭頂部に向けて下さい。

②両手で頭を固定したまま、親指で耳の真後ろをグッと押します。

③自分がいいと思うまで、②を繰り返します。押す時間や回数は自由です。自分の感覚に従って下さい。

最初は痛みを感じるかもしれませんが、痛いのは松果体が活性化し始めている証拠です。続けていくと慣れてきて、心地よく感じられるようになるでしょう。

エクササイズを行う姿勢は自由。寝ていても起きていても大丈夫です。好きな姿勢

で好きなだけ、①～③を行って下さい。耳の後ろは松果体につながっているので、複雑な手順を踏まなくても着実にアプローチできます。

むしろこのワークでは、やるタイミングが重要です。意識がぼんやりしている起床時か、眠気が訪れた時に行いましょう。

松果体は感性を高めて、人間の能力全般を上げるカギのひとつでもあるので、ぜひこれからの習慣にして下さい。

松果体のエクササイズ

前から見たところ

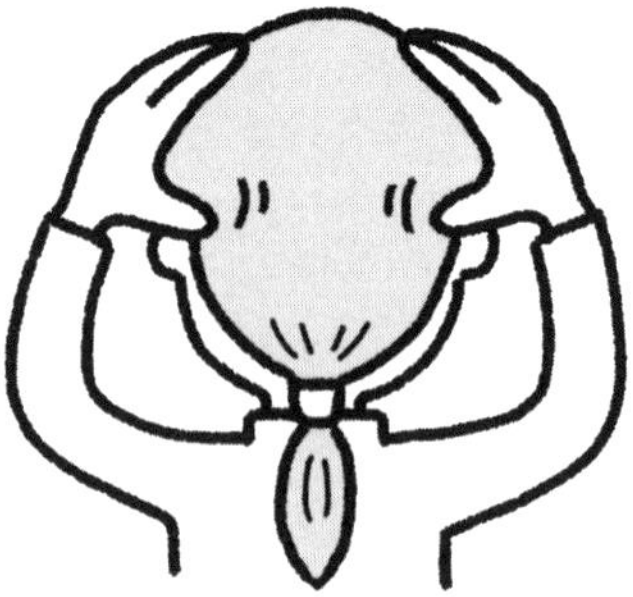

後ろから見たところ

①両手で左右両方から頭をつかみます。その時、親指を両耳の真後ろにあて、それ以外の指は、頭頂部に向けて下さい。
②両手で頭を固定したまま、親指で耳の真後ろをグッと押します。
③自分がいいと思うまで、②を繰り返します。

成功している人、憧れている人の引っ越しを手伝おう

成功するためのマインドセットを整え、負の感情に対する対処法も学んできました。

3章の最後は、さらにステップアップしていくための意外な秘策をお教えします。

あなたが「こうなりたいな」と憧れている人や、理想としている状態をすでに実現している人の引っ越しを手伝いましょう。

長年成功者を観察してきましたが、安定して成功し続けている人ほどよく引っ越しをします。

彼らは、セカンドハウスや荷物部屋など、いくつもの不動産を持っているので、そこに荷物を移動するプチ引っ越しもあれば、そもそも引っ越しが好きという人も少なくありません。

私の知り合いには、10年で20回引っ越ししたというツワモノの経営者もいます。

同じところに長くいるとどうしても気が淀むので、エネルギーの流れをよくするた

めに引っ越しは有効なのですが、人生がうまくいっている人は、無意識でそれがわかっているのかもしれません。

成功者の部屋から、富のオーラを受け取る

私もたまに、経済的に大成功している知人や友人の引っ越しを手伝うことがありますが、彼らの自宅には、成功のオーラ、富のオーラが満ちています。

そういったオーラに触れると、自分自身のエネルギーも上がります。そこにある調度品や食器、雑貨などもハイクオリティなものが多く、成功のエネルギーをまとっていますから、引っ越し作業をしながら実際に触れて、感じてみるといいでしょう。

また、部屋のレイアウトを見て、自分の理想の家をイメージすることもできます。そこで得た情報は、あなた自身が成功に向かっている時に大いに役立つはずです。

引っ越しを手伝うと、時には不要になったものをもらったりすることもありそうですね。持ち物には、その人のエネルギーが移っているので、目標とする人から頂いた

ものは、自分のエネルギーを上げるパワーグッズになるはずです。

さらに、相手から感謝され、よい関係がつくれるというメリットもあります。もし、「そんなご縁は身近にない」「成功者の知り合いなどいない」という人は、神社に行ってお願いすると、格好の機会を用意してくれるでしょう。

クライアントさんでも、神社にお願いした後、たまたま用事があって、ふだんから目標としている相手に会ったところ、引っ越しを手伝うことになったというケースもあります。今、身近にご縁がないからといってあきらめず、機会を探してみて下さい。

第4章

神様に応援される方法をお教えします

神様は、純白に輝く「エネルギー体」

ここまで、成功するための自分自身の磨き方を学んできました。ここからは、いよいよ神様とはどんな存在か、どのようにおつきあいすればいいのかを見ていきます。

誰かに応援してもらおうと思ったら、その相手に興味を持ち、よく知ろうとするのは当然ですね。この章では、神様について理解を深めるために、私がこれまで学んできたことや、神社や聖域で重ねてきた経験で得た知識をお伝えしていきます。

日頃コミュニケーションを取っている神様たちからも、さまざまな情報を教えて頂いていますので、あわせてシェアしていきましょう。

さっそくですが、神様は、どんな姿かたちをしていると思いますか？

多分たいていの人は、人間の姿をした存在を思い浮かべるのではないでしょうか。

しかし神様は、「エネルギー体」です。それも、とても波動の細かな粒子が集まった、雲のようなエネルギーの集合体だと思って下さい。

もし神様を絵に描くとしたら、真っ白い光になります。

いろいろな色の光をすべて合わせると、最終的には白い発光体になりますが、神様もさまざまなエネルギーが集合して純化され、純白な光になるのです。

それはとても神々しく、精妙でありながら力強いエネルギーです。

「1滴」となった神様が、いつもそばにいる

でも『古事記』や『日本書紀』には、いろいろな名前の神様が登場しますし、神社に祭られている神様にも名前がついていますね。

なぜエネルギーである神様に、人の名前がついているのかというと、それぞれの違いをわかりやすくするためです。人間が神様のエネルギーを感じて、個別に擬人化したのです。

しかし特定の神様を指す場合、たった1人（1柱）しかいないわけではありません。

たとえば、1杯のコップに入った水が「伊邪那岐命《いざなぎのみこと》」というエネルギーだったとし

たら、そのおおもとは高次元にあり、コップの水の「1滴」が、全国各地にある伊邪那岐命を御祭神《ごさいじん》（その神社にメインで祭られている神様）とする神社に分けられている。こう考えて頂くといいでしょう。

「1滴」になったエネルギー体の神様は、神社や聖地を離れて、私たちの近くにも存在しています。また、時々人間についていることもあります。

「私には○○の神様がついている」と言う人がたまにいらっしゃいますが、その真偽はともかく、もしついているとすれば、その神様のエネルギーの「1滴」が、その人とともにあるということです。

　鑑定で見ていると、社会に貢献するような会社や事業を運営している方には、そんな神様がついていることがよくあります。特に、日本経済を支えているような大企業の経営者には、３千～５千柱の神様がついています。歴史に名を残すような有名な経営者には、1万柱もの神様がついている場合もあります。

　神様の願いは、日本や日本に暮らす人々が栄えていくことなので、社会にとって影響力の大きい人物には、神様のバックアップも手厚いのです。

普通の人も見えない存在に守られていますが、社会のために行動し、結果を出していく過程で必ず神様からの応援が入ります。

参考までにお話しすると、1人の人を守る存在は、4～7年で変わっていくと言われています。メインで守護する存在は変わりませんが、その人の人生の変化や成長にあわせて、必要な存在が随時交代しながら、力を貸してくれるしくみです。

神様は、古代から続いた祈りの集合エネルギー

そんな神様の起源は、どこにあるのか。答えは、神様の居場所である神社の始まりにあります。

もともと古代日本では、山や川、太陽や風、森や石などの自然に神聖な力を見《み》出《いだ》し、敬っていました。これを、自然崇拝といいます。

その祈りの場に、朝鮮半島から渡来した秦氏という一族が鳥居や祠《ほこら》などのお社《やしろ》を作り、ひとつの目印にします。それが、今の神社の始まりです。

今でも、山や磐座《いわくら》（巨石）、滝などをご神体としている神社も多数ありますが、これは古代の人が、自然を神そのものとして捉えていた名残りだと言えるでしょう。

自然を祭るお社で、私たちのご先祖は、長い間祈りを捧げてきました。

その祈りが、「集合意識」として溜まった場が、現在の神社です。そして、祈りに

よって高波動になったエネルギー（集合意識）が、「神様」と呼ばれる存在です。

先ほど、神様は精妙なエネルギー体だとお話ししましたが、もっと正確に言えば、古代から続いてきた人間の祈りで高波動になった集合意識が、神様なのです。

その集合意識の特徴に合った呼び名が、神様の名前になっていると捉えて下さい。

神社の中には、菅原道真公や明治天皇など、実在の人物が御祭神として祭られている場合もありますが、それは、もともと波動が高かったその人物が「依《よ》り代《しろ》」（神様が宿るもの）となって祈りのエネルギーが集まり、神格化したものです。

神様は、高次元の存在であり、フレンドリーでもある

神様は、もともとが人間の集合意識なので、とても人間くさい部分があり、気さくな一面もあります。3章でお話ししたように、お酒や音楽が好きなのも、神様の人間的なところです。

また神様は、それぞれに個性を持っていて、ちょっと気難しかったり、逆に、おおらかでユーモアがあったりするのも特徴です。

意外とフットワークの軽い神様も多く、時には、私の会社に「宴会」に来て下さることもあります。オフィスの神棚に、酒、塩、お米を用意してお呼びすると、近所の神社から神様がやってきて下さるのです。

神様の話を聞いてくれる人間は少ないので、そんな時は、気安くいろいろと教えて下さいます。特に、いいお酒をお供えすると、ご機嫌がいいようです。

先日、最近の人間界についてどう思っているか質問したところ、「近頃は、神社で垢《あか》（ネガティブなエネルギー）を落としていく人間が多い」とおっしゃっていました。

しかし、改めて言うまでもありませんが、神様は基本的に、私たちよりずっと高い次元にいらっしゃる畏《おそ》れ多い存在。人間が、崇《あが》め奉《たてまつ》るべき存在です。

「崇める」というと宗教的に聞こえるかもしれませんが、神様を尊び敬うことが大切だということを忘れないで下さい。大好きな目上の人に会う時と同じように、敬いの心は持ちながらも、親しみをもって接するといいでしょう。

神様から届くメッセージはシンプル

ただし神様には、人間のような感情があるわけではありません。また神様は、物事や人の行動の良し悪しもジャッジしません。

神様の視点は、人間の視点ではなく、常に高次元です。願い事を叶える際も、人間の心の機微や感情的な問題については関知せず、神様視点で「原因」と「結果」を見て、その人の望みを叶えるためにベストな方法を示して下さいます。

ただし、「お告げ」のように具体的な助言や命令をするわけではありません。（もし、日時や場所、特定の行動などを指示するなら、それは神様ではなく低エネルギーのうさん臭い存在だと考えたほうがいいでしょう。）

ですから、私たち霊能者は、神様から届くエネルギーやシンプルなメッセージを、クライアントの方が理解しやすいように翻訳し、言語化していきます。

また私自身は、必要に応じて心理学的なアプローチも使って、クライアントの感情的な問題を解決していきます。そして最終的に、クライアントの方が神様の意図を理解できるようにしていくのです。

神様は、あなたとつながりたいと思っている

では、神様にとって人間はどんな存在でしょう。

ひと言で言えば、神様からすると、人間は子どものような存在です。親が子どもの幸せを願うように、神様は人間のことを気にかけています。そして、人間ともっとつながりたい、もっと人間を助けたいと思っています。

ですから、困った時や導いてほしい時には、遠慮せず助けてもらって下さい。

なぜ神様が人とつながりたいのか。そして、その人の人生がうまく運ぶように応援したいのか。

それは、神様の理想とする世界を、人間に作ってほしいからです。

神様には肉体がありません。ですから、この三次元で自分たちの望む世界を作りたければ、子どものような存在である人間に動いてもらうしかないのです。

神様が、日本のために働こうとする人や、社会貢献しようとする人をプッシュする

のは、その理由からです。もちろん、身近な人のためでも地域や家庭のためでも、自分の力を役立てようとする人は皆、神様から応援されます。

人間が、神様に対して思いや感謝を向ければ、神様は喜ばれます。日常の中で神様の存在を意識し、感謝を送ると、神様とのつながりが深くなっていくでしょう。

意識するといっても、四六時中考えている必要はありません。ふだんは神様のことを忘れていても大丈夫です。

ただ、ふと思い出した時に、神社や神棚の前、あるいは、今自分がいるところで神様を思う。状況が許せば、手を合わせる。そして、いつも私たちを守ってくれている神様の存在に思いを馳せ、感謝する。そんな時間が神様との絆を深めてくれるでしょう。

成功者は、必ずご神仏を大事にしている

神様と積極的につながりを持ち続けているのが、成功している人たちです。

実際、神仏に篤《あつ》い信仰心を寄せた歴代の経済人や政治家、武将などを挙げたらキリがありません。パナソニック創業者の松下幸之助さんや京セラ創業者の稲盛和夫さんをはじめとして大企業の経営者が神仏を敬ってきたのは、有名な話ですね。

私の周囲にいる方たちも、日頃から神仏に手を合わせているだけでなく、次のようなことをしていらっしゃいます。

- 頻度や場所はさまざまだが、定期的に神社参拝やご祈《き》禱《とう》をしている。
- 会社や自宅に神棚を祭って大事にしている。
- 特にご縁の深い「マイ神社」があり、寄進や行事参加をしている。

このように書くと、「やっぱり、みんな神頼みをして成功しているのか」と思われるかもしれません。確かに、そういった側面もありますし、実際に、人間が神様を大切に敬えば、神様の後押しも強くなります。

謙虚な人は、神様に応援されて結果が出せる人

しかし、もうおわかりだと思いますが、参拝しただけで願いが叶うわけではありません。彼らは皆、自分自身の人間力を高める努力をし、自分のやるべきことにエネルギーを注《そそ》いでいます。

そして、神仏を大事にする方たちは、ある精神性を共通してもっています。

彼らは、とても謙虚です。実はその姿勢が、神様の応援を受けるためにも、現実世界で成果を上げるためにも、とても重要なのです。

成功者と呼ばれる人たちは、「自分ひとりでは何もできない」と知っています。

ビジネスを成功させるにも夢を叶えるにも、たくさんの人の助けが要ります。

また、どんなに努力しても、不測の事態に陥ってしまうことはありますし、業績が落ちてしまうこともあります。

そんな時、人《じん》智《ち》を超えた存在を身近に感じて敬っている人は、謙虚に物事を捉えられます。そして、自分なりに努力を続けられるし、人の力も借りられる。もちろん、神様からも応援される。だから、結果的にピンチを切り抜けて成功できるのです。

要注意。傲慢さは成功を遠ざけ、魔を引き寄せる

ここで、謙虚とは反対の生き方、つまり、傲慢な生き方をするとどうなるかについてもお話ししておきましょう。

私が知る限り、成功しない人のトップは「傲慢な人」です。

たとえば、自分の力で何でもできると思っている人、「私が」「俺が」と自己主張したがる人、神仏に敬意を払わない人、感謝の気持ちがない人、弱い人や目下の人に対して横柄な人……。

生き方は人それぞれなので自由ですが、今まで、そのような人が成功するのを見たことがありません。

ところが時々、そんな人たちがものすごい勢いで成功していくことがあります。業界で有名になって一時期はもてはやされるのですが、さらに驕《おご》りが出るので、その勢

いが続くことはありません。

こんなケースには、神様ではなく、別の存在が関与しています。神様のいる光の世界ではなく、闇の世界の「魔物」と呼ばれる存在です。

人間に呼ばれなければ、魔物は来ない

魔物とは、邪気などの陰のエネルギーを持った存在です。魔物たちは、人間を使って自分の欲望を満たそうとします。それで、自分と同じエネルギーに共鳴する人間に目をつけて、力を持たせるのです。すると、人を利用することしか考えていないような人物が、お金や名声を得ていきます。

しかしこの場合、必ず失速します。また、まれに社会的な大事件を起こしてしまうケースもあります。

普通に生きている人にとっては現実味のない話かもしれませんし、むやみに怖れる必要もありません。しかし、あなどってはいけないのも事実です。

私は仕事上、そういった存在と対峙しなければならない場面もあります。そんな時、彼らと話すと、魔物には魔物の言い分があり、「呼ばれなければ来ない」と言うのです。つまり、人間が魔物を呼ぶエネルギー（想念）を出しているから、それに共鳴してやってくるというわけです。

その想念が「傲慢さ」であり、また自分さえよければいいという自己中心的な考えや強欲さです。もしあなたの周りに、「この人、大丈夫かな？」という生き方をしている人がいたら、反面教師として、自分自身を見直す機会にして下さい。

神様はどのように応援してくれるのか

では、神様はどのような形で、人間に力を貸して下さるのか見ていきましょう。

まず、神社に一度でも行ったことがあれば、全国に広がる「神様ネットワーク」によって、その人の存在が日本中の神様に知らされると思って下さい。

ご存じの方も多いと思いますが、毎年旧暦10月に出雲大社では、各地の神様が集合する会議、神《かみ》在《あり》祭《さい》が行われます。


この神在祭は、単なる伝説ではありません。実際に、この時期の出雲には、日本中の神様が集まります。そして、全国の神社にお参りした人たちの情報交換がなされます。

ですから神様は、国民のすべてを知っていると言っていいくらい、1人も漏らすことなく私たちの存在を知って下さっているのです。

私も何度か神在祭の御神事に参加したことがありますが、神様から「どこかで見たことある顔だね」「あなたのこと、知ってるよ」と声をかけられました。

神様たちは神在祭で、人間には計り知れないほどの緻密さで計画を立て、国レベルでも個人レベルでもさまざまな出来事を起こします。

「ご縁つなぎ」が神様の仕事

国レベルの話はここでは置いておくとして、私たちの人生に関することで言えば、神様が計画して、人間への後押しとしてやって下さるのは「ご縁つなぎ」です。

たとえば、「1億円が欲しいです」とお願いしたら、口座に突然1億円が振り込まれるわけではありません。その人の願いが叶うように、それぞれの担当の神様が、必要な人や出来事、そして、情報との縁をつないで下さいます。

神様のプランはとても綿密で、人間目線では解読ができません。神様目線で見たら、パズルがきちんと組み合わさっているのですが、私にもわからない部分がたくさんあります。しかし人間が、神様がつないでくれたご縁を大事にしながら進んでいけば、必ず結果がついてきます。（具体的にどんな形でサポートが来るかは、5章でお話しします。）

「もっとダイレクトに助けてくれたらいいのに」と言う人もいますが、肉体がない以上、神様にも限界があります。何よりも、右から左で願いを叶えていたら、人間の成長につながりません。

あくまでも神様の役割は、人や物事とのご縁つなぎ。そのサポートを生かして願いを叶えるのは私たち自身であり、人間にはその力があるのです。

あなたは、指名されて生まれてきた

ところで、時々「生まれてきた意味を教えて下さい」「私の使命を神様に聞いて下さい」というご相談がありますが、私は、あまりこだわらない方がいいと思っています。なぜなら、奇跡的な確率でこの世に生を享《う》けた時点で、すでに存在価値があり、意味があるからです。突き放した言い方かもしれませんが、存在意義や使命が見つからなくても、死ぬわけではありません。人間は十分に楽しく生きていけます。

もちろん、自分の希望や夢に向かって進むことも大事です。希望がないと生きられないのも、また人間の性質なので夢や目標は大きくていいし、実際に、自分の掲げた願いを叶える人もたくさんいます。

しかし、目の前のことをおろそかにして「私の使命って何だろう」「何のために生まれてきたのだろう」と考えているだけであれば、現実はいつまでも変わらないでしょう。

「今の使命」と向き合えば、必ずステップアップする

あなたが生まれてきたということは、神様に指名されたということです。

つまり使命があるから、指名されて生まれ、氏名を授けてもらったのです。

そして、今与えられている毎日の仕事や家事、あるいは、日々学んでいることが使命なのです。

ですから、無理に使命を探したり、生まれてきた意味がわからないと悩んだりしなくても大丈夫。「今の使命」としっかり向き合っていれば、何らかの成長や結果がついてきます。すると、必ずステップアップし、それにつれて、使命は自然に変わっていくのです。


勘違いしやすいのですが、決して社会的に認められることや有名になることだけが使命ではありません。

結婚や育児を使命としてきた人もいますし、地道に働くことを使命としてきた人も

います。その使命を果たす中で、新たな使命に気づく人もいます。

「影響力を持つ人に比べて、私なんて……」と自己卑下する方が時々いらっしゃいますが、単に「役割」が違うだけです。この世にいる誰もが、神様から託された使命を生きていることに変わりはないのです。

神社に行くと願いが叶う3つの理由

さて、神様とはいつでもつながれるとはいうものの、やはり神社に足を運んで神様に直接願い事をするのは重要です。神様も、人間が時間と労力をかけて会いに来てくれれば、その分、前のめりで応援して下さいます。

しかし、今まで参拝してきたのに、なかなか願いが叶わなかったという人もいるかもしれませんね。その原因は、願いが叶うしくみを理解していなかったことにあるかもしれません。

神社に行くと、なぜ願いが叶うのか。その理由は、大きく分けて3つあります。

ひとつめは、神社に蓄積している「集合知」がダウンロードできるということです。

集合知とは、多くの先人たちも含めた人間の知恵の集積です。

神社には、過去から今までおおぜいの人が参拝していますから、その人たちの情報ています。その中には、今のあなたに必要な情報も必ず入っているのです。

が「集合知」として存在しています。その中には、今のあなたに必要な情報も必ず入っています。

たとえば、あなたが経営する会社で売上を倍にしたいと考え、神社に参拝したとします。すると、そのために必要な情報が神社の集合知からダウンロードされるのです。

神社が創建されて以来、今まで参拝した人の中には、商売が得意な人やお金に強い人、あなたのビジネスに必要な知識を持った人もたくさんいたはずです。神前で祈りを捧げると、データベースの中からその情報が抜き出され、あなたに渡されるというわけです。

神社では、たくさんの神様の力を頂ける

2つめの理由は、参拝すると、神社にいるおおぜいの神々の力を頂けるということです。

神社にいらっしゃるのは、御祭神だけではありません。

私たちは、案内板やガイドブックを見て、「そうか、この神社の御祭神は、○○様

ね」と調べ、その神様に願い事をします。もちろん、それでもいいのですが、神社には「表に名前の出ていない神様」も多数いらっしゃいます。

ですから、自分では御祭神にお願いしたつもりでも、実は、違う神様が力を貸して下さっているということがよくあるのです。

実際に、私が神社で御祭神の名前を呼ぶと、「その名前ではない」と言われることもよくあります。専門的な話になりますが、たとえば「御祭神」として天照大神《あまてらすおおみかみ》が祭られている神社で、実際は、素戔嗚命《すさのおのみこと》が祭られていたということもあるのです。私はそんな神様を、「隠れ御祭神」と呼んでいます。

といっても、この隠れ御祭神については、あまり気にする必要はありません。

神様界のしくみを理解するためにお話ししましたが、神社では、あなたをサポートしてくれる神様が必ずやってきて下さいますから、安心して下さい。

神社という聖域のパワーで開運する

神社に行くと、その土地の力を頂けるのも、参拝すると願いが叶う要因のひとつです。これが、3つめの理由になります。

神社には、聖域として守られてきた土地のパワーが存在します。

また、もともと神社は、エネルギーの高い土地に作られていますから、そこに足を踏み入れるだけで、私たちはそのパワーを受け取れます。

神社の境内を歩くだけで、それらの土地の情報と、そこにいらっしゃる神々の情報を自動的にもれなく頂ける。これは、本当にすごいことなのです。

願いを叶えるための神様プロフィール帳

日本にいる八百万《やおよろず》の神様の中でも、特に、私たちと関わりの深い神様について、その特徴をご紹介します。参拝の際に、神様とコミュニケーションを取るためのガイドとして下さい。

・天照大神《あまてらすおおみかみ》

太陽の象徴である天照大神は、穏やかであたたかなエネルギーを放つ「陽」の神様です。言うまでもなく、天照大神は日本を代表する神様ですが、日本人であれば、どの人の魂にも、天照大神の分け御霊《みたま》（分身）が入っています。その意味では、「日本人の内在神」と言ってもいい存在です。

私が主にメッセージを受け取っているのは、この天照大神です。私の感じる天照大神は、いつもゆったりしていておおらかなエネルギーで、「今日は何をしようかしら」

とのんびりくつろいでいる雰囲気です。

・国常立命《くにとこたちのみこと》

国常立命は「国の礎《いしずえ》」とも言える神様で、何があっても揺るがない、凛とした存在感を放っています。神様の中でも特に厳かなエネルギーがある神様ですから、私たち人間も、節度をもって改まった気持ちで接しましょう。

国常立命は立身出世などにお力を貸して下さいます。

・天之御中主《あめのみなかぬし》

「古事記」で最初に登場する天之御中主は、神様の中でも群を抜いて懐が深い神様です。また、他の神様より高い次元に存在し、高波動を発しています。しかし私たちが思いを向ければ、しっかりつながれます。本当に困ったときは、天之御中主にお願いすると助けて頂けます。

御祭神として祭られている神社が少ない神様ですが、インターネットなどの動画や画像を利用して「リモート参拝」（214ページ）するといいでしょう。

・**大国主命《おおくにぬしのみこと》**

大国主命は、国《くに》つ神《かみ》（天照大神が地上に降りる前に国を治めていた神様たち）の代表です。「大黒様」「大黒天」とも呼ばれ、財運や福徳をもたらすとされています。もちろんそれは正しいのですが、私から見ると、大国主命は神様界のプレイボーイ（笑）。女性には誰でも優しいので、特に女性の方は、大国主命を祭る神社に参拝すると運気が上がるはずです。

大国主命からは、力強い男性エネルギーも頂けます。その意味でも、女性が参拝するとバランスが取れるでしょう。また、財運を上げるのが得意な神様なので、お金の器を大きくしたい方もぜひお力を借りて下さい。

・**素戔嗚命《すさのおのみこと》**

古事記などの神話では、やんちゃな存在として描かれる素戔嗚命ですが、実際にも荒々しいエネルギーです。素戔嗚命は、暴れん坊というイメージを持つ人も多いかもしれませんが、そのイメージは当たらずとも遠からずかもしれません。

非常にはっきりしている性格なので、物事の白黒をつけたい時や迷いがある時に、スパッと結論を出すサポートが得意です。

・弁《べん》財《ざい》天《てん》

弁財天（弁天様）も財運アップのご利益が頂ける神様ですが、ひと言で言えば「ツンデレ」です。弁財天を祭る神社にお参りすると、ピンとはりつめたご神気に満ちています。大国主命が父性的でおおらかなエネルギーだとしたら、弁財天は厳しいお母さんというイメージ。でも愛情たっぷりで、ちょっと実現が難しく思える願い事も、本人の行い次第では叶えてくれます。

弁財天に金運アップをお願いする時は、欲しい金額をはっきり言いましょう。すると、願い通りの額がやってくるご縁をつないでもらえます。

・猿《さる》田《た》彦命《ひこのみこと》

猿田彦命は「道開き」の神として有名ですが、そのお力を借りれば、あれよあれよという間にグッと前に押し出され、道が開かれます。どの道を行けばいいか迷った時は、自分の進むべき道をはっきり示して、その方向に進ませてくれる神様です。

どの神様もご縁を結んでくれますが、猿田彦命にお願いすると、特に、わかりやすい形でそのご縁がやってくるので、スムーズに進めるでしょう。おおらかな神様なので、フランクな感じでお願いしても、「わかった、わかった」と受けとめてくれますよ。

第5章

神様と本当に仲良くなりたい人のための神社参拝

神様と仲良くなりたいなら、まず眷《けん》属《ぞく》に挨拶しよう

最終章は、神社参拝の実践編です。神社参拝は、神様に直接願いを届けられる絶好のチャンスであり、自分と向き合える大切な時間でもあります。あなたが成功していくプロセスでは、神社参拝は欠かせないものになるでしょう。

はじめに、神社での神様とのコミュニケーションで、見落としがちな2つのポイントからご紹介しましょう。

一礼して鳥居をくぐったら、まず眷属にご挨拶しましょう。

眷属とは、狐や山犬、龍、天狗、蛇などのエネルギー体で、神様に仕える存在です。時には、人間の形をした眷属もいます。神の使いとして働き、同時に、神様という要人を守るＳＰの役目も務めます。

そんな彼らは、鳥居をくぐったところにいて、神社の「門番」をしています。参拝

者についていき、その人物が神前に行くのにふさわしいかどうかを見極めるのです。

もちろん眷属は見えませんから、彼らを意識する人はほとんどいないでしょう。

でも、神様を守る大事な役目を果たす存在ですから、まずは彼らに「よろしくお願いします」と挨拶をして下さい。

眷属がチェックするのは、よこしまな心を持った人や自分さえ良ければいいと考える強欲な人、つまり、不純なエネルギーを持った人です。

そんな人物は、眷属がガードして、神様との交流を妨げる場合があり、敏感な人は、境内で過ごすうちに頭痛がしたり、気分が悪くなったりする人もいるほどです。

というのも神様は懐が深くて万人を受け容れるので、雑多なエネルギーが近づいてしまい、神様を汚す場合もあるのです。それで、眷属がしっかりガードしているというわけです。

ですから、参拝で神様にしっかり願いを届けようと思うのであれば、神様はもちろんですが、眷属にも気を配り、あやしい人間ではないことをわかってもらいましょう。

眷属は、神様を守る使命を担っている

このようにお話しすると「眷属って怖いんだな」と感じるかもしれませんが、たとえるなら、空港にいる入国審査官のようなものだと思って下さい。

海外旅行に行くと、国や地域によっては、無愛想な入国審査官が入国目的や滞在日数を厳しくチェックすることがありますね。しかし彼らには、自分の国を守るという責任があります。眷属も同じで、神様を守るという使命を忠実に果たしているだけなのです。

加えて、気分が悪くなったりするのはレアケースなので、普通に参拝するのであれば、さほど心配する必要はありません。ただし、傍若無人にふるまうと眷属の機嫌を損ねるので、境内では、常にその存在を意識して行動したほうがいいでしょう。

また、入り口で挨拶をしておくと、安心して参拝ができるというメリットもあります。

神社は聖域ではありますが、たまに、陰のエネルギーが強い場所があります。

そういった場所にうっかり行くと、エネルギーが下がってしまったり、まれに、よからぬ存在がついてきたりしてしまいます。（万が一、神社参拝後につまずいたり、あまり良くないことが起きたりしたら、3章でご紹介した入浴法（116ページ）などで浄化すれば大丈夫です。）

しかし眷属に挨拶をしておくと、行くべきではない場所には足を近づけないように、さりげなく取り計らってくれるでしょう。

境内では「おしゃべりは控えめ」が基本

神社は神様のいらっしゃる場所。いわば、神様のご自宅です。尊敬する人の家にお邪魔してペラペラおしゃべりする人はいませんね。神社の参道も、神様の家にお邪魔したのだという気持ちで、静かに歩きましょう。

神様は人間に慈愛をもって接して下さるので、人間がフランクに話しかけても、基本的にはおおらかに受けとめて下さいます。しかしそれは、あくまでも私たちが礼儀正しく、畏敬の念を持って接するという前提があってのことです。

友人や家族と一緒に参拝すると、どうしてもあれこれ話したくなるものですが、境内でのおしゃべりは、基本的に禁物だと思っていて下さい。

特に参道を歩きながらのおしゃべりは、神様はお好きではないようです。それ以上に、眷属の中には礼儀作法に厳しい存在も多いので、彼らがまず気分を害します。

あなたも、自分の家に来た人が、礼儀もわきまえずしゃべり続けていたら、いい気持ちはしませんよね。「気持ちいいね」「境内がきれいだな」と話しかけたくなっても、心の中にとどめ、参拝を終えてから、ゆっくり感想をシェアし合いましょう。

たとえば、皇居に招かれて、ふだん通りに雑談する人はいないと思いますが、神社でも同じくらいの緊張感を持ってふるまうといいでしょう。

といっても、私も友人や知人と参拝に行くと、つい話してしまうことがありますし、気を使って緊張しすぎてもよくありません。

ですから、他の方に迷惑をかけるほどうるさくしたり、参拝や神様にまったく関係ないよもやま話をしたりせず、慎《つつ》ましやかに話す程度なら、お目こぼししてもらえるでしょう。礼節はしっかり守るという基本姿勢と、神様と仲良くなりたいという思いを意識して頂ければと思います。

1人で参拝すると、神様からのメッセージが受け取りやすくなる

複数で行くお参りも楽しいのですが、本当に神様とコミュニケーションを取りたいと願うのなら、1人でのお参りがおすすめです。

実は、境内では、神様が人間にメッセージを送ってくれています。そのメッセージを受け取れると、参拝中や参拝後に、ふといい考えがひらめいたりインスピレーションが湧いたりして、願いが叶うのが加速します。しかし、おしゃべりして注意散漫になっていると、その情報が受け取れません。神様のメッセージを受け取りたいと思うなら、やはり、神様に意識をあわせて静かに歩いた方がいいのです。

神社は、自分自身と向き合える場所

また神社は、高次元にいる神様に祈りを捧げる場所ですが、同時に、自分自身の内

在神を見る場所でもあります。

内在神を見るとは、言い換えれば、静かな心で自分の内側を深く見ていくことです。自分の本音をしっかり見て受けとめていくことが大切です。しかし日常の中にいると、あれこれ気が散ってなかなかその時間がとれません。

心理学でも言われることですが、自分の内側を正直に見るのは、なかなか難しいものです。特に、大人になると思考が邪魔をして、本心を押し隠してしまいます。たとえば、深夜にアイスが食べたいと思っても、すぐ「この時間に食べると太ってしまう」「体に悪い」などといった思考が入り、「食べたい」という本音を見ないようにしてしまいます。

ですから、いつわりのない本心と向き合える時間と空間は、とても貴重なのです。

その点、神社は自分と向き合う格好の空間です。

非日常の聖域であり、神様がいらっしゃる場所では心が落ち着き、自分の内側が一番よく見通せます。静かな境内で過ごしていると、誰もが自然に素直な自分に向き合えるのです。

さらに神様の前では、誰もが正直になれます。多分、神様を前にして、自分に嘘をつける人はいないでしょう。その意味でも1人で参拝し、自分の内在神を意識する機会を持って頂けたらと思います。

神様に喜ばれる参拝マナーと基礎知識

参拝の際には、こちらが礼を尽くせば神様も喜ばれます。神様に喜んでもらえるような参拝のマナーと基礎知識を学んでいきましょう。

まず理想的な服装は、ワンピースやスーツです。拝殿前では、男女ともジャケット着用がベストですが、夏場は暑いので、参拝の前だけ羽織れば大丈夫です。

しかし、旅行先で参拝したり近所の神社に行ったりする場合もあるので、状況に合わせて臨機応変に考えて下さい。

目上の人の家や面接に行く時の服装と同程度だと考えれば、イメージしやすいかもしれません。最低でも、ノースリーブやジーンズは避けましょう。

また、旅行時などは、靴はスニーカーでも構いませんが、もちろん汚れていたら失礼に当たります。

参考までに言うと、女性皇族の方々は、必ず襟元の詰まったロングドレスやワンピース、スーツなどを着ていらっしゃいますが、あのように肌を見せないのが、正式な参拝時の服装です。

夕方以降の神社には近づかない

参拝時間は、だいたい午前４時から午後３時を目安にするといいでしょう。

夕方から夜にかけて、神社には魔物もやってきます。先ほどお話ししたように、神様はすべての存在を受け容れるので、魔物たちも神様の力にあやかりたいと集まってくるのです。

もちろん眷属は神様を守ろうとしますが、神様は魔物を拒否しません。

魔物というと、人間は「怖い」「悪いもの」だと思いますが、神様は人間のような価値観や道徳観をもっているわけではありません。

また、この世には、陰陽両方のエネルギーが存在するものですし、魔物的な存在がいるからこそ、古いエネルギーや不要なエネルギーが破壊され、新しいものが生まれるという側面もあります。こう考えると、神社に魔物が集まるのは、ある意味、自然の摂理だとも言えるのです。

しかし、理由はどうあれ、魔物がいる時間帯は避けるに越したことはないでしょう。

神社に行ってはいけない2つの期間

神様は基本的に「来る者拒まず」ですが、2つだけ神様が嫌がる時期があります。

ひとつは、ケガをして血が出ている時と女性の生理中です。

神様は、とにかく血が嫌いで、血だけは避けたいというのが本音です。

ですから、参拝者が小さな切り傷に絆創膏《ばんそうこう》を貼っているだけでも嫌がられるので、気をつけて下さい。また昔は、生理中の女性は参拝しないという風習がありましたが、今も控えるべきでしょう。

神様が血を避けたがる理由は、死者の国である黄泉《よみ》の国が「血の世界」とも言われていて、血は汚れているもの、死に関連するものだからと言われています。

もうひとつの参拝を控えるべき時期は、忌中です。家族が亡くなってから、33日間は参拝を控えましょう。

通常、参拝を控える期間は「50日が終わるまで」と言われるものですが、私がどの神様に聞いても、33日とおっしゃいます。なぜ、この日数なのか明確な理由はわかりません。しかし、神様が忌中の参拝を嫌がられるのは確かです。

神様は、高波動のエネルギー体であるとはいえ、もともとは人間の集合意識なので、死は不浄のものとして遠ざけたいのかもしれません。

このような時は、無理して参拝をしても眷属が取り囲むので、神様に願いを届けるのは難しいでしょう。

摂社末社に大切な神様がいらっしゃる場合もある

大きな神社の境内には、本殿の他に摂社末社があり、さまざまな神様が祭られています。この摂社末社にこそ、大切な神様がいらっしゃる場合もあるので、もし気になるお社があれば、本殿参拝後にお参りするといいでしょう。

ただし大きな神社では、いくつもの摂社末社があり、とても回りきれない場合もあ

ります ね。もし、摂社末社が横に並んでいるなら、真ん中に立って一度お参りすれば大丈夫です。

「なんだか気になるな」と思うのは、神様からもサインが来ている証拠ですから、本殿だけに参拝して帰るのではなく、摂社末社もあわせてお参りしてみましょう。

リモート参拝でも祈りは届く

神社にいらっしゃる神様は、私たちの元まで来て下さらないので、直接願いを届けたいと思うなら、こちらから出向くしかありません。

しかし、遠方にある神社にお参りしたい場合や忙しくて参拝の時間が取れない場合は、「リモート参拝」もOKです。写真や絵葉書、インターネット上に神社の画像や映像を通して参拝するのが、リモート参拝です。画像や映像を見ながら手を合わせ、神様に意識を向けると、それらが窓口となって自動的にエネルギーがつながり、願いが届きます。

お賽《さい》銭《せん》には、「神様の居場所」を守り継ぐ役目がある

お賽銭の額はいろいろな説があるので、誰もが悩むところかもしれませんね。

まず基本的な考え方をお伝えすると、お賽銭は、あなたが神様にお渡ししたいと思う金額、お賽銭箱に入れたいと感じる金額でＯＫです。

ただし、お賽銭は神社運営の資金になります。

当然ですが、社殿の維持や境内の整備にはお金がかかります。社殿や境内がしっかり維持できていなければ、神様はその場に降りてくることができません。

「神様は自然に宿るものだし、お賽銭にこだわらなくていい」という意見も聞きますが、もともとは自然信仰だったといっても、現代人が山だけを見て「神様だ」と敬うのは無理があります。

きちんとした鳥居や参道、社殿という目印があってこそ神聖な気持ちになり、また、境内がきちんと整備されているからこそ、神様とゆっくりコミュニケーションをとる

ことができるのです。また、神様も安心して、その場に存在できるのです。

神社は、ご先祖たちが守り継いできた財産であり、神様のエネルギーを集められる聖地です。無理をする必要はありませんが、その神聖な場所を守り継ぐために、お賽銭を出すことで貢献できると考えるといいでしょう。

お賽銭とは、あなたが神様に届けたいエネルギー

私自身は、その時の気持ちによってお賽銭の額を変えています。

ただし、京都の伏見稲荷大社などのように、商売繁盛のご利益がある稲荷系の神社（お稲荷さん）はちょっと特殊で、1万円以上をお納めするようにしています。私が、特にお稲荷さんにご縁を感じているということもありますが、現実問題として会社の発展に力を貸して頂くのに、コイン数枚でお願いするのは難しいと思うからです。

お賽銭は、神様に自分のエネルギーを伝える手段のひとつでもあります。

おみくじは、神様から直接頂けるメッセージ

参拝後はすぐ帰るのではなく、しばらく境内を散策して神社に満ちている御神気を浴びましょう。神様もお参りに来た人たちが、境内で自由に過ごすのをとても喜ばれます。自由といっても、もちろん礼儀を守った上でのことですが、せっかく神様の間近にいられるチャンスなので、境内の自然やすがすがしい空気を味わうといいでしょう。

ところで、神社で神様からのメッセージを直接受け取りたいと思いませんか？そうであれば、ぜひ参拝後に、おみくじを引いてみて下さい。誰でも簡単にとてもわかりやすいメッセージを受け取れます。

引く前に願い事を意識したり、祈ったりする必要はありません。無心でパッと引けばOK。手にしたおみくじは、神様の言葉そのもの。神様からあなたへ送る言葉です。

「大吉」や「吉」などは、あまり関係ありません。書いてある内容を読んでピンときたメッセージが、神様からダイレクトに届いた言葉です。

もし凶や大凶が出たら、ちょっと気になってしまうかもしれませんが、どちらも、必ずしも悪いことが起きるという意味ではありません。今の時点で気づいた方がいいこと、改善した方がいいことがあるので、よく考えてみなさいという神様からの助言です。大凶や凶を続けて引いた場合はあきらかな警告ですが、生活を改める大事なチャンスを教えてもらったのだと捉えましょう。

いずれにせよ、今がどん底でこれから上がるだけというタイミングなので、希望をもちましょう。

逆に、大吉が出たからといって、単純に喜べるわけでもありません。そこには、厳しい忠告が書かれてある場合も多いものです。頂点にたどり着いた運気は下がるのが自然の法則なので、心を引き締めていく必要があるでしょう。

もし、凶が出たら、ひとつの神社で3回まではおみくじを引いていいと言われています。といっても、神様が伝えたいことは変わらないので、同じ内容が違う表現で書かれていると思いながら読んでいきましょう。

あなただけの「おみくじノート」を作ろう

神様から直接頂いた言葉をその後も生かしていくために、「マイおみくじノート」を作りましょう。

作り方は簡単です。引いたおみくじを持ち帰って、1ページ数枚ずつノートに並べて貼っていくのです。貼る順番は自由ですが、上の辺だけを糊付けして、裏面もめくって見られるようにするのがポイントです。

なお、神様が伝えたいメッセージは裏面にあることが多いので、両面とも文章が書かれているおみくじは、「裏面を表」にして貼るといいでしょう。

私も作っていますが、お気に入りのノートに貼れば気分も上がりますし、おみくじは神社の高いエネルギーを吸っているので、ご神気たっぷりのノートになります。

参拝になかなか行けない時や神様からのメッセージが欲しい時に、ノートをパラパラとめくり、開いたページの中から「これだ」と思うおみくじの文を読むと、いつでも神様の言葉に触れられます。

おみくじは、神様の存在を感じたり見たりする能力がなくても、ちゃんと交信できるツールです。ぜひ日常的に使って、神様とコミュニケーションを深めていって下さい。

神様に祈りが届く参拝の基本

拝殿での参拝についても、簡単にお話ししていきましょう。

まず二礼二拍手一礼をするのが基本です。これは、神様に対して「こんにちは」とお伝えしているご挨拶だと思って下さい。

次に、お賽銭を入れて願い事を伝えます。自分の前に神様がいらっしゃると思って、実際に話しかけるつもりで伝えるといいでしょう。

私が参拝する際には、毎回その神社の神様がどんな気質を持っていらっしゃるのかを感じながら、話し方を変えています。気さくな神様にはフランクに話しかけますが、荘厳なエネルギーを感じる神様には、きちんと改まった口調で接します。

しかし皆さんは、身近にいる目上の人に対する口調で話しかければ、まず問題ありません。（主要な神様については、４章でお話しした特徴も参考にして下さい。）

すでにお話ししたように、大きな神社であれば、全国を網羅する神様ネットワークで誰が行くかは伝わっていますから（184ページ）、私は名前も住所も言いません。初めてお参りする小さな神社でも、願い事をする際に名前を伝える程度です。単にご挨拶するだけなら名前も言いません。また、一度お参りすれば神様は覚えて下さるので、2回目以降は名乗りません。

参拝の作法や自己紹介については、いろいろな考え方があるので、自分に一番しっくりくるスタイルでお参りするとよいでしょう。

念のために言うと、名前や住所を言うのを忘れても、「失礼に当たる」「願いが叶わないかも」と気にする必要はありません。

祈りは自分の意志を宣言すること

いよいよ、祈る際のポイントです。

祈りとは、本来、「意《い》・宣《の》る」という意味。神社は、自分の意思を宣言する場所であり、いつも守られていることへの感謝を送る場所。また、思いを祈りに載せて神様に伝える場所です。

あなたの願いや目標、つまり神様に伝えたいことは何でしょうか。

事前にそれをしっかり考えて、具体的に伝えるように意識しましょう。

不思議なのですが、神様は、人間の祈りの「主語」は聞いていません。

たとえば、「私は、○○したいです。お願いします」と祈っても、「○○したい」の部分だけを神様は聞いています。ですから、願い事を伝える際には、「私は」は省いても大丈夫です。

それよりも、願い事をくわしく伝える方が大切です。
たとえば、単に「いい仕事につきたいです」では、「いい仕事」が何か神様にはわからないので、ご縁のつなぎようがありません。きちんと、「○○の資格を取りたいので、勉強するお金を下さい」「○○の試験に合格させて下さい」「○○で独立したいです」など、期日も含めて明確に伝えましょう。

当然ですが、人を貶めたり傷つけたりするような願い事や、自分さえ良ければいいというスタンスの願い事は、神様は受け付けません。万が一、叶ったとしても、カルマ（来世に持ち越す因縁）を生んでしまいます。

神様に届きやすいのは、「大我」に沿った願い

実は、「叶いやすい願い」があるのです。
それは、ひと言で言えば「大我」に沿った願い事です。
「大我」とは、自分1人の幸せや利益を思う自分本位の願い（小我）ではなく、周囲

の人や世の中全体を思うことです。

基本的に神様は、私たちの願いを叶えるために、いろいろと取り計らって下さいますが、大我からの願いは、特に手厚くサポートして頂けます。

もし、世の中のためにやりたいと思うことがあれば、ぜひその願いを伝えて下さい。

しかし、「仕事で成功したい」「家や車がほしい」「パートナーと出会いたい」「転職や受験を成功させたい」といった個人的な願いであっても、もちろんＯＫです。

神様がその人を見て、願いが叶うことで社会や周囲のためになると思えば、その願いは叶います。

ですから、願いが叶った後で、どんなふうに周囲に貢献していきたいか。大げさなことでなくても大丈夫なので、自分にできる貢献をあらかじめイメージしておくといいでしょう。

時間をかけて、神様に願い事や近況報告をしたい時には、他の方の邪魔にならないように、お賽銭箱の脇あたりに立ってお参りしましょう。

願い事の通じたサインを見逃さない

拝殿の前で願い事をしようと思ったら、ドンドンと太鼓が鳴ってご祈禱が始まった。祈りの前後に、風がビューッと吹いたり、鳥が鳴いたりした。境内を歩いていたら、雲の隙間から日差しがサッと射してきた。突然、雨や雪が降り出した。神社にいる動物や蝶が寄ってきた。どこからか、花のいい香りがした……。

これらはすべて、神様の歓迎の印であり、祈りが届いたサインです。「たまたまだよ」「気のせいに違いない」と否定せず、すべて神様の合図だと受けとめて下さい。

後でくわしくお話ししますが、参拝中だけでなく、日常生活においてもサインはいつも送られています。ですから、ステップアップしていきたいと思うのであれば、神様からの合図を大事にしていきましょう。

参拝後すぐ、あなたがやるべきこと

さて、願い事はしっかり届けました。神様はさっそく、あなたのために動き出して下さいます。

願いが叶うかどうかは、参拝後の行動次第。ここからが本番と思って下さい。

たとえば、縁結びで有名な出雲大社に参拝して、すぐ良縁に恵まれる人と、いつまでたってもいい出会いがない人がいますが、その違いは何だと思いますか？

それは、神様からのサインをキャッチして行動できたかどうかの違いです。

参拝後には、あなたにわかる形でいろいろな現象が起こるはずです。

境内でダウンロードした情報がひらめきという形で現れたり、神様がつないで下さったご縁によって出会いがあったり……。

それらの現象に気づいて行動すれば、神様からの良縁をつかめます。しかし、サインに気づかなかったり、出会いのチャンスが来てもスルーしたりしてしまうと、「せっかくお参りしたのに、なぜ？」ということになってしまうのです。

どのくらいのタイミングでサインが来るかというと、「参拝後すぐ」です。何度も同じものを見たり、同じ言葉や情報を聞いたりしたら、神様がメッセージを送っていると考えて下さい。

たとえば、町中の広告で何度も同じ言葉を見る。コンビニやお店に入るたびに同じ歌のフレーズを聞く。ネットニュースで気になった情報を別の場所でも見る。ふだんは見ないテレビをふと見てみたら、願い事に関する情報があったなど、さまざまなパターンがあります。

それらのメッセージはすべて、願いを叶えるための行動のヒントです。

素直に行動していくと、次々と神様からのご縁がつながり、結果的に願い事が叶うのです。また、現状では足りない部分に気づかせてくれる場合もあります。

たとえ1回でも、「もしかしたら神様からのサインかも」と思うのであれば、その情報を生かして行動してみましょう。

神様のメッセージは突然やってくる

神様は、突然訪れる直感やひらめきという形で、メッセージを送ってくれることもあります。「久しぶりに、あの店に行きたい」「あの人に連絡をとってみよう」などと、ふと思い立ったら、素直に行動してみるといいでしょう。

時には、単語だけがひらめくこともあるかもしれません。気になる言葉はメモをしておくと、その時は意味がわからなくても、後から大事なメッセージに気づくこともあるでしょう。

神様からどんなふうにメッセージが来るのか、ご参考までに、私の例をお話ししましょう。

神様のメッセージは、たいてい突然やってきます。神様の世界には時間の概念がないので、電車の中でも歩いている時でも、あるいは、お風呂やトイレに入っていても、ところかまわずです。

メッセージはシンプルで、単語だけの場合も多く、知らない言葉がポンと届けられることもよくあります。（そんな場合は調べるようにしています。）

ある時、「オン」というメッセージが届いたことがありました。「オン」って何だろうと考えたのですが、よくわかりません。その後しばらくして、本を読んでいると、「霊能力のスイッチを切り替えることができる」と書いてあったのです。

当時の私は、自分の能力のオンオフができない状態でした。だから、見なくていいものを見て疲れることが多く、悩みの種だったので、このメッセージを送ってくれたのでしょう。

神様と二人三脚で願いを叶えよう

情報やひらめきではなく、直接的に、いろいろな出来事やご縁を運んでくれる場合もあります。

たとえば、あなたが「会社を退職して起業したい」とお願いしたら、起業するためのセミナーの情報が来たり、先に独立した先輩の話を聞く機会に恵まれたりするのです。

何度もサインを送っているのに本人が気づかなければ、さすがの神様も、さじを投げてしまいます。機会を逃さずチャンスをつかむために、参拝直後から、身近な情報や出来事をキャッチできるようにアンテナを立てておきましょう。

願いが一番叶いやすいのは、参拝の翌日から動き出す人です。

さっさと動く秘訣は、結果を求めないこと。結果を期待すると、「うまくいかなかったらどうしよう」とためらいが生まれます。もしうまくいかなければ、そこからまた次の行動を考えればいいのです。そのくらい気楽に考えて動き始めましょう。

神様も、「人間が動かないことには、後押ししようと思ってもできない」とおっしゃいます。逆に、すぐ動く人は「この人間はやる気があるな」とわかるので、神様も新たな情報をどんどん送り込んでくれます。

ぜひ、神様と二人三脚で、あなたの願いを叶えていって下さい。

流れを司《つかさど》り、人生をステージアップさせる「龍」

人間がこの地球でつつがなく暮らし、成功するために、神様の他にも力を貸してくれる存在があります。ここからは、そんな存在たちについて見ていきましょう。

その代表的な存在が、龍です。龍とは、ひと言で言えば「流れ」を司るエネルギー体で、体の色や経験、大きさなどによってランクがあります。龍が神格化したものが「龍神」です。手のひらサイズから見上げるほど巨大な龍神まで、私たちの周りには、さまざまなタイプの龍がたくさんいます。

龍とは、エネルギーの流れであり「働き」ですから、皆さんは、現実の中の体験として、龍の存在を体感することが多いでしょう。たとえば、仕事を探している時に、駅で求人広告を見かけて面接に行き、採用されたとします。これもひとつの「流れ」、つまり、龍のエネルギーが動いていると言えます。

経営者や団体の代表者、規模の大小を問わず社会や地域のために活動している人など、世の中に貢献しようとしている人は、龍が応援していることが多いように思います。大きな影響力を持っている人ほど格の高い龍神に応援されていますが、社会的地位にかかわらず「人格者」と言われる人を大きな龍が応援していることもあります。

人生を発展させようと人間が行動していくから、それを応援しようと力のある龍が後押しするのです。

格の高い龍が応援すればするほどスピード感をもって結果が出せますし、人生がステージアップしていきますが、それなりの覚悟が必要です。というのも、龍がつくと、自分自身の「垢《あか》」が出るからです。

龍に応援されるとは、自分の課題と向き合うこと

垢とは、人生の問題や心の闇の部分のこと。龍がついて人生が動き始めると、それらも浮き彫りになるため、心が大きく揺さぶられます。

龍に応援されて成功するということは、その揺さぶりに振り回されず、精神的に成長していくということです。そこをクリアできた人は、龍が普通はあり得ないチャンスやご縁をどんどん運んできてくれるので、短期間でステージアップしていけます。

つまり龍は、人間の扱い方が荒いけれど、その流れに乗って振り落とされなければ、早く遠くへ運んでくれる存在と言えるでしょう。

では、なぜ龍がつくと人生の垢が出るのかと言えば、それが龍の食べ物になるからです。龍は、人間の垢をエサにして大きくなるのです。

自分の心の弱い部分や人生の課題と向き合うのは気が進まないかもしれませんが、龍が垢を食べてくれた分だけ、私たちのエネルギーはきれいになり、成功しやすくなります。

そういった意味で、龍は「パイプのお掃除屋さん」のようなもの。水流でパイプの詰まりがすっきり取れるように、人生の詰まりも龍が流してくれると思って下さい。

私のおすすめは、いきなり大きな龍についてもらおうとするのではなく、まずは小さな龍に応援してもらい、一緒に成長していく方法です。人間が垢を出して成長するにつれて龍も力を増していくので、自分のペースで徐々に加速しながら結果を出していけるでしょう。

意外な方法でアピールしてきた貴船神社の龍

そんな龍ですが、時々あっと驚くようなアピールをすることがあります。

現地集合、現地解散のワンデーリトリートで京都の貴船神社に行った時のことです。貴船神社は、龍がいることで有名ですが、その時も、私が聖域に足を踏み入れるなり、たくさんの龍があちこちから寄ってきました。そして我先にと、話しかけてくるのです。内容はさまざまで、大まかに言えば、日本の行く末や未来をよくするために彼らが人間に伝えたいメッセージです。

ゆっくり聞いてあげたいのですが、リトリートツアーに参加した方々を案内する役目があるので、龍には十分に対応できません。そこで龍には「言いたいことは、わかったから！」と伝えてその場を去り、ランチの場所へ向かいました。

その後、ランチ中に1通のメールが入りました。見ると、会社に知らない会社から入金があったとの連絡でした。不思議に思って確認すると、急に顧問契約を結びたいとの依頼があり、先に振り込みがあったとのこと。依頼主は、知り合いが紹介してくれたとはいえ、お会いしたことのない方です。

私はすぐに、龍が動いたのだなとわかりました。龍の伝えたい思いを汲《く》んで私がしっかり動くように、経営資金という形で後押しをしてくれたのだと。

言い方は悪いのですが、「お金は準備したから、ちゃんとやってね」と言いたかったのかもしれません。

このような龍の動きには、「利益を社会に還元するように」という意向が込められています。

クライアントを見ていて思うのですが、うまくいっている経営者は、利益を社会に還元している人が圧倒的に多いのです。もちろん、彼らは利潤もしっかり追求します。しかしそれは、社会に貢献するための資金調達が目的です。私自身も、自分が運営する社団法人の活動を通して利益を還元し、社会の役に立ちたいと考えています。

龍は地球を守る存在ですから、その人が世界にどれだけポジティブな影響を与えられるかを見ています。龍が、私利私欲を追い求める会社や人と関わることは、まずありません。これもまた、龍の大きな特徴です。

浄化のために高次元から舞い降りる「鳳《ほう》凰《おう》」

龍と対《つい》になって、地球を守っているのが鳳凰です。その姿は、手塚治虫氏の漫画『火の鳥』をイメージして頂くといいでしょう。

よく神社の装飾や美術品などで、龍と鳳凰が一緒に描かれていることがありますが、両者はエネルギー的にも対の関係です。

ただし、鳳凰の方が龍より高次元にいて、数自体も多くありません。くわしい説明は省きますが、ざっくり言えば、私たち人間がいるのが三次元、龍が五次元。鳳凰はさらに高い六次元以上のところにいます。

ですから、龍のようにいつも近くにいるわけではなく、基本的には、こちらから呼ばないと来てくれません。しかし、たまに地球に降り立って、その大きく美しい羽を広げてこの世界を浄化してくれます。そういう時には、鳳凰の形をした雲という姿で、空に現れることもあるので、意識していれば見られるかもしれません。

鳳凰自体はかなり高次元の存在なので、特別な御神事以外で一般の人が呼ぶのは難しいのですが、その分身であれば、来てくれることもあります。

どうすれば来てくれるのか、私がいつも交流している鳳凰に聞いてみました。

すると、「ゆるむこと」と「許すこと」という答えが返ってきました。ゆっくりお風呂に入ったり、リラックスできる場所でボーッとしたりする。または、許せないと思っていることを見直してみる。そんなふうにして心と体をゆるめながら、鳳凰に思いを向けてみるといいかもしれません。

また、山や高いビルには鳳凰が降りて来やすいので、時には足を運んでみるのもいいでしょう。

鳳凰が持つ高次元のエネルギーに触れれば、自然に浄化され、自分自身のエネルギーも高まります。その存在と触れ合う体験は、精神性を高めて人生をより豊かに進んでいくためのきっかけとなるでしょう。

これからの時代を守ってくれる「お稲荷さん」

私たちに豊かさをもたらしてくれる存在と言えば、稲荷神、お稲荷さんです。

今さまざまなところからメッセージが来ているのですが、このお稲荷さんが現在の日本を支え、またこれからの時代に、前面に出て活躍していきます。

今後、力を発揮して財を成したいのであれば、お稲荷さんにしっかりお願いすれば、勢いのある後押しを頂けるでしょう。

しかし、お稲荷さんというと、「怖い」「狐に憑かれる」といったイメージを持つ人も多いのではないでしょうか。また、「気軽にお参りしてはいけない」「近寄らないほうがいい」といった誤解も、まだあるようです。

せっかくお稲荷さんのお力を頂けるチャンスなのに、とてももったいないと思います。この機会に正しくお稲荷さんを理解して、ご縁を結んで下さい。

お稲荷さんは、昔から日本人にとても大切にされてきた神様です。

お稲荷さんを祭った神社は約3万社あるとも言われ、都会のビルの谷間や地方の山の中にも、そのお社があります。また、会社の敷地や個人宅の庭にお稲荷さんを祭っているのもよく見かけます。

なぜ、それだけ信仰されてきたかと言うと、お稲荷さんが豊かさの象徴だからです。

昔は年貢をお米で納めていたことからもわかるように、「稲」はお金と同じであり、豊かさそのものでした。その豊かさを司るのが稲荷神（宇迦之御魂命《うかのみたまのみこと》）です。私たちのご先祖は古くから、商売繁盛、五穀豊穣の神として、そのお稲荷さんを敬ってきたのです。

「お稲荷さんは怖い」と言われる本当の理由

お稲荷さんが怖いと言われた理由は、「稲荷神」と「眷属の狐」が混同されたことにあります。

稲荷神は神様なのでおおらかですが、すでに見たように、眷属の狐は厳しい部分もあるのです。過去に、その狐が人間に取り憑いて、いわゆる「狐憑き」の状態になることがありました。それが、お稲荷さんが怖れられるようになった一因です。

しかし、「狐憑き」になるのは人間側にも原因があり、眷属からの警告の意味があったのです。

というのも、お稲荷さんの力は強いので参拝者は願いを叶えてもらえるのですが、その後、お礼参りを忘れる人が続出しました。それで、お礼参りの大切さを教えるために、「狐憑き」という形で眷属が注意を促したのです。それが、お稲荷さんの「たたり」として怖がられる原因になったのだと思われます。

お稲荷さんは、本当に力のある神様ですから、ぜひ機会を見つけてお参りして下さい。

ただし、荒れたお社や薄暗い感じのするお社などは、よからぬ存在がいたりするので無防備に近づかないようにしましょう。

しかし、その場所を荒らしてしまったのは人間ですから、もしご縁を感じるような場所であったら、掃除や整備をするとお稲荷さんは喜んで「お返し」をしてくれるでしょう。ただ、怖いと思いながら、ご利益目当てで行うのはよくありません。お稲荷さんに限らず、神様は、自分の存在を気にかけてもらえることを、とても喜ばれます。鳥居の外からでもいいので、手を合わせて感謝を伝えるだけでも、あなたの思いは十分に伝わりますよ。

あなたの行くべき神社は、内在神が知っている

よく「どの神社に行けばいいでしょうか」と聞かれるのですが、基本的には、あなたの好きな神社、行きたい神社へ参拝して下さい。

ありがたいことに、日本は八百万の神と言われるほどたくさんの神様がいて、全国に素晴らしい神社が多数あります。あなたが「この神様と仲良くしたい」「この神社に行きたい」と思えば、それがあなたの行くべき神社であり、あなたとご縁がある神様です。

自分に必要な神社は、あなたの内在神がすでに知っています。その内在神が「この神様が好き」「この神社が気になる」といった形でメッセージを送ってくれるのです。

そんなふうにしてご縁のある神社に参拝すれば、どこで何をお願いしても叶えてもらえると思っていいでしょう。

どの神社にお参りしても、願いが叶う。これは、今まで全国各地で参拝してきた経験と、神様とのコミュニケーションで、私なりに出した結論です。

おさらいになりますが、まず神社という場所自体が高波動なので、参拝すればエネルギーが上がります。それだけでも願いは叶いやすくなります。

特に、大きな神社には、圧倒的な量と種類の情報がストックされているので、あらゆる願いに対応できます。その意味では、オールマイティに願いが叶うのです。

まずは、近所の氏神《うじがみ》神社にお参りしよう

この観点から言えば、多くの参拝客が足を運ぶ神社に行くのが理想ですが、現実的に、そのような神社が近くにない場合もありますね。また、日々やるべきことを放り出して神社巡りをするのは本末転倒です。

ですから、すぐに大きな神社に足を運ぶチャンスがなくても問題はありません。

まずは、近所の気になる神社か、氏神神社（地区を管轄する神社）に参拝して下さ

い。全国には、コンビニより多い数の神社があり、その数は8万社以上とも言われています。あなたの自宅や職場の近くにも、必ず複数の神社があるはずです。

神様の世界は、会社やお役所の組織のように連携を取り合って動いています。

氏神神社は市役所の窓口担当者、一宮《いちのみや》（その地域を管轄する神社）は部長、伊勢神宮は社長といった感覚で捉えて頂くといいでしょう。

氏神神社を管轄するのは一宮であり、その一宮は伊勢神宮が管轄しています。

ですから、窓口に願いを出せば、関連部署に回してもらえます。まずは、窓口である氏神神社に足しげく通い、自分の住む土地を守って頂いている感謝と願い事を伝えるといいでしょう。

遠方の神社にお参りする機会が来たら、地元の神様から根回ししてもらえます。

日頃から参拝している神社の神様が、「今度、いつもうちに来ている○○が行くからよろしく」とあらかじめ連絡を取ってくれるのです。すると、初めてお参りする神社で、「あぁ、○○神社の神様から聞いてるよ」とスムーズに願いが通ります。

成功者が定期的に通う御用達の神社

最後に、成功し続けている人が定期的に通っている神社をご紹介しましょう。

まず彼らは、日本を代表する神社である伊勢神宮と出雲大社には必ずお参りしています。

日本という国は、伊勢神宮の「陽」のエネルギーと、出雲大社の「陰」のエネルギーが核となって成り立っていると言っても過言ではありません。

伊勢神宮には、「宇宙次元」と呼べるほど高次元の神々が祭られ、参拝するだけで時空を超えて宇宙旅行に行ったような体験ができます。この世にいながらにして高い次元へと渡れる橋。それが伊勢神宮です。伊勢神宮から小一時間ほどで行ける伊雑宮《いざわのみや》は、元伊勢（本来、伊勢神宮があったとされる場所）とも呼べるお社。金運上昇と浄化のエネルギーが非常に強く、悪い縁や考え方、習慣を断ち切ってくれる重要な参拝スポットです。

出雲大社は縁結びで有名ですが、同時に、必要のない縁を切る働きもあります。古い縁を切るからこそ、新たなステージに進むための縁が得られるのです。主祭神である大国主命《おおくにぬしのみこと》だけでなく素戔嗚命《すさのおのみこと》のご神気も強く、何事にもきっぱりと決着をつける素戔嗚命が、その手に持った剣で不要なエネルギーや悪縁をバサッと切ってくれます。

伊勢神宮と出雲大社には、成功を後押しする大事な要因があります。

古くから参拝者を集めてきた両社は、日本を動かしてきた歴代の政治家や経済人、文化人を始め、各界の要人も多く訪れてきました。それ以外にも、現在の日本の核となっている人物が多数参拝しています。ということは、参拝すればもれなくその情報をダウンロードできるという「特典」があるのです。

無理のない範囲で構いませんが、両社にお参りするのは、基本中の基本と言えるでしょう。

熊野三山の熊野本宮大社、熊野速玉大社、熊野那智大社も、長年信仰され続けてきた神社です。日本は、伊勢、出雲、熊野の神様が要となって回していると言われるほど、この神社も重要ですから、ぜひ一度足を運んで下さい。

熊野は、「何を拾って何を捨てるか」が問われる場所。「黄泉《よみ》の国」とも言われ、生きながら死んで生まれ変わる場でもあります。ですから、参拝することでリボーン（生まれ変わり）体験ができ、今後どう生きていけばいいのか、深い気づきを得ることができるでしょう。

　これからの時代は、先ほどお話しした伏見稲荷大社もおすすめしたい神社です。もともと人気のある神社ですが、このお社の神様はとにかく願い事を聞いてくれます。

　本殿裏の稲荷山には摂社末社が多数あり、お参りコースになっているので、ぜひ訪れてみて下さい。要所ごとに龍や天狗、神格化した白狐などがいて、アミューズメントパークのような楽しさと、異次元とも思える不思議なご神気に満ちた空間になっています。また、山頂には天之御中主《あめのみなかぬし》がいらっしゃるので、その存在を感じながら願いを伝えるといいでしょう。お金のスペシャリストお稲荷さんの総本山ですから、豊かに成功したいのであれば、ぜひとも訪れて頂きたい神社です。

　日本には、各地に素晴らしい神社がたくさんあります。次ページで私がよく訪れる全国の神社をご紹介します。あなたの内在神が惹《ひ》かれる神社に、機会を見つけて参拝して頂くと、神様はいつでも喜んで歓迎して下さるでしょう。

訪れてみたい、日本全国の主な神社

北海道、東北地方

❶美瑛神社（北海道上川郡美瑛町）
強力な縁結びと、厄落とし、浄化をしていただけます。

❷北海道神宮（北海道札幌市中央区）
自分自身が努力すればするほど応援してくれる神様のいる神社です。

❸出羽三山／湯殿山神社（山形県鶴岡市）
出羽三山はあの世とこの世をつなぐところ。中でも湯殿山の浄化力とパワーは圧倒的。裸足でお祓《はら》いを受けてからお参りします。

関東地方

❹御岩神社（茨城県日立市）
願いを伝え、それに対し努力や行動をすれば必ず応援していただける、厳しさの中にあふれる慈愛を感じる神様の神社です。

❺三峯神社（埼玉県秩父市）
たくさんのオオカミがいる気の流れの濃い神社。気の流れの濃いところには龍もいます。気をいただくことと、神様とオオカミの力で人生が発展していきます。

❻江島神社（神奈川県藤沢市）
厳しく美しい弁天様の力と龍の力が参拝者の願い事を後押ししてくれます。

❼鶴岡八幡宮（神奈川県鎌倉市）
本殿のどしっとした神様、七福神の社、政子石、本殿脇の神様、稲荷社などの力が上手く統合され、それぞれの場所がパワースポットになっています。

❽銭洗弁財天宇賀福神社（神奈川県鎌倉市）
お参りとお金の洗い方次第でお金がざくざくと増えていく神社。白蛇さん達の活躍には目をみはるものがあります。

❾寒川神社／相模國一之宮（神奈川県高座郡寒川町）
清々しい凜とした八方除けの守護神の御加護を力強くいただけます。お社の向きが独特です。

中部地方

❿宝徳山稲荷大社（新潟県長岡市）
縄文の昔までさかのぼる歴史と格式を誇る神社で、鳳凰（火の鳥）が年に一度見られます。

⓫戸隠神社（長野県長野市）
戸隠は反対から読むと隠戸（インド）となり、いろいろな音が隠されており、日本の素晴らしい聖地のひとつです。

⓬白山比咩《ひめ》神社（石川県白山市）
全国に3,000社以上ある白山神社の総本宮。人生のくくり直し、身体の細胞のくくり直しをしてもらえる神社です。

⓭伊勢神宮（三重県伊勢市）
内宮、外宮をはじめとして125社から成り立つ、日本の重要な要の神宮。宇宙の構成を感じることができます。

中国地方

㉒出雲大社（島根県出雲市）
日本の重要な要の大社であり、縁結びで有名。縁も結んでくださいますが、不要な縁も切ってくださいます。

㉓嚴島《いつくしま》神社（広島県廿日市市）
弥山《みせん》と海との強力な波動とパワーを神様からいただける、浄化力のとても強い神社です。

近畿地方

⑭伏見稲荷大社（京都府京都市伏見区）
稲荷神社の総本山、お金の豊かさをもたらす最強の場所。神格化した白狐のパワーと稲荷山頂上の空にいる神様の高波動の力を感じることができます。

⑮元岩清水八幡宮／八幡神社（奈良県奈良市）
神社の中に凝縮したご神気があり、神様たちの力が集結しています。ありとあらゆる禊ぎや願いを叶えてくれます。

⑯大神《おおみわ》神社（奈良県桜井市）
懐深い神様と三輪山のエネルギーが、参拝者に豊かさをあますことなく与えてくれます。狭井神社の拝殿脇にある薬井戸ではご神水を口にすることができます。

⑰葛木御歳神社（奈良県御所市）
奈良の葛城の地にある歳神様の神社。祖霊社もあり、裏の山からのご神気には慈愛深き風を感じます。お参りするほど、人生の流れが変わります。

⑱天河大辨財天《べんざいてん》社（奈良県吉野郡天川村）
「呼ばれないと行けない」と言われるほどの高波動の神社で、力強い辨財天がいらっしゃいます。五十鈴からのカルマの禊ぎで心身が清められます。

⑲玉置神社（奈良県吉野郡十津川村）
山の代表神といえばこちら。「呼ばれた人しかたどり着けない」と言われ、神様からの高波動をいただける神社です。

⑳熊野三山／熊野本宮大社（和歌山県田辺市）、**熊野速玉大社**（和歌山県新宮市）、**熊野那智大社**（和歌山県東牟婁郡那智勝浦町）
熊野は生きながら死んで生まれ変わる地。神様の力でリボーン（生まれ変わり）して、新たな出発ができます。

㉑湊川神社（兵庫県神戸市中央区）
明るいオーラで参拝者を歓迎してくれる楠木正成公を御祭神とする神社。本殿の禊ぎの力と楠本稲荷の願い事を叶えてくれる力をとても強く感じることができます。

九州地方、沖縄県

㉖宗像《むなかた》大社／高宮祭場（福岡県宗像市）
日本神話に登場する日本最古の神社のひとつで、沖津宮、中津宮、辺津宮の総称。玄界灘のパワーと宗像大神が降臨するパワーを感じます。

㉗志賀海神社（福岡県福岡市東区）
九州の龍の巣窟とも、日本中の龍神が集まるとも言われ、計り知れないほど龍のパワフルさを感じることができます。

㉘天川《あまかわ》御嶽《うたき》（アーマーオン）（沖縄県石垣市）
沖縄県の石垣島を守られている、美しく柔らかく優しい神様です。その地に行くと自然と涙があふれるほどの、感動という最高の気づきを与えてくれます。

四国地方

㉔金刀比羅宮（香川県仲多度郡琴平町）
「こんぴらさん」の呼び名で知られるお金のパワーがあふれる神社。狐、天狗の力も感じられます。

㉕土佐神社／土佐一ノ宮（高知県高知市）
重厚で濃厚な神様がいらっしゃり、どーんと応援してくださいます。

おわりに

私が初めて世に送り出した本を最後までお読み頂き、本当にありがとうございます。皆さんが自分の力を思い出し、成功するのをお手伝いするという本の趣旨から外れるので、本文ではあまり触れませんでしたが、霊能者の日常はけっこう大変です。神様や龍、天狗、狐などから、時と場所を選ばず話しかけられますし、あの世に逝った霊たちもいろいろと頼ってきます。また、見なければよかったと思う存在がふと見えてしまったり、霊のせいで体調不良になったりすることもあります。

変わった体験もしょっちゅうで、神社で小さな龍に足をかじられたり、横断歩道で声をかけられた天狗の面倒を1週間も見ることになったり……。

たまに、「不思議な能力があってうらやましい」と言われることがありますが、なかなかハードな毎日なのです。でも、楽しいこともありますし、これもこの人生でやると決めてきた私の役目なのだと受け容れています。

激動と言われるこの時代を皆さんが幸せに生きていくために、私の力を使って頂ければこれほど嬉しいことはありません。

私たちは、この時代を選び、この時代に生まれ、この時代に生きています。

神様の力をお借りしてこの世に生を享け、生きています。

今が「時代の変わり目」であろうと、パンデミックが起きていようと、自然災害が起きやすい厳しい時代であろうと、この時代を選んで生まれてきたのは、私たち自身です。

その私たちが大切なことに気づくように、神様は慈愛を持って、計り知れない緻密な計画を遂行している最中ですから、人間は、神の意図に沿っていくしかありません。

もちろん、今という時代を見れば、不安や怖れはたくさん湧くでしょう。

でも、よく考えてみて下さい。なんだかんだと言って、生きていませんか。

それは、神様に守られているということであり、ご先祖に守られているということです。だからみんな、大丈夫。誰もが神様に選ばれ、許可をもらい、生まれてきた尊い人間なのだから。

私はただの霊能者なので、未来を見通す力はありませんが、ジタバタしないで与えられたことをやり、生きていくことが大切だと思っています。

私たちの最大の役目は、「今この時に生きていること」なのです。

その役目を日々あなたなりに果たしていけば、おのずと人生が成功に向かって展開していくでしょう。


この本を作るにあたり、さまざまな方のお力添えをいただきました。親子セラピストであり数々の本を出版されている長南華香さん、出版をプロデュースして下さったエバーグリーン・パブリッシング株式会社代表取締役の了戒翔太さん、スピリチュアルキュレーターであり株式会社クラブワールド代表取締役の大村真吾さんと夫人の大村直美さん、ボイストレーニング研究所代表の宇津雄一先生、株式会社エントラストフィールド代表取締役の飯田智史さん、同社取締役の谷本由紀さん、常日頃より私を支えてくれているスタッフの吉村奈歩さん、きなりさん、本のスペシャリストでありライターの江藤ちふみさん、自由国民社の古村珠美さん、出版に力を注げるようあらゆる仕事を引き受けてくれた沙魚川雅浩さん、何も言わずいつも思い切り仕事をさせてくれる夫と家族、そして応援して下さる皆さん、何よりもこの本を手に取って下さった皆さんに心より感謝申し上げます。ありがとうございます。

私自身、神様の応援を受けてここまで来ました。本が出版できたのも、今の私がいるのも、神様のおかげさまです。

最後にひと言。神様はあますところなく皆さんを力強く応援したいと思っています。皆さん、ぜひ神様の応援を受け、成功や幸せにつなげて頂きたいと願っております。

令和3年6月

霊能者&心理カウンセラー　大澤美樹